DIREITO SOCIETÁRIO NO AGRONEGÓCIO
SOCIEDADE DE PRODUTORES RURAIS
PESSOA FÍSICA

LUIS ADRIANO MARTINS ROMANNI

Advogado e Especialista em Direito Civil e Empresarial.

Mestre em Direito Econômico e Desenvolvimento pelo Instituto Brasileiro de Ensino, Desenvolvimento e Pesquisa – IDP.

Coordenador da Pós-graduação em Direito do Agronegócio do Centro Universitário da Fundação Assis Gurgacz/ABRADA.

Sócio fundador da Academia Brasileira de Direito do Agronegócio – ABRADA.

DIREITO SOCIETÁRIO NO AGRONEGÓCIO
SOCIEDADE DE PRODUTORES RURAIS PESSOA FÍSICA

Del Rey editora

Belo Horizonte

2022

Impresso no Brasil | *Printed in Brazil*

EDITORA DEL REY LTDA.

www.editoradelrey.com.br

Editor: Arnaldo Oliveira

Editor Adjunto: Ricardo A. Malheiros Fiuza (*in memoriam*)

Coordenação Editorial: Letícia Neves

Diagramação: Know-how Editorial

Editora:
Rua dos Goitacazes, 71 – Lojas 20 a 24
Centro – Belo Horizonte – MG
CEP 30190-050

Comercial:
Tel.: (31) 3284-3284
vendas@editoradelrey.com.br

Editorial:
editorial@editoradelrey.com.br
Tel.: (31) 2516-3340

R7582 Romanni, Luis Adriano Martins
Direito societário no agronegócio: sociedade de produtores rurais, pessoa física -1. ed. - Belo Horizonte, MG : Editora Del Rey, 2022.
126 p.; 15,5x22,5 cm.

Inclui bibliografia.
ISBN 978-65-00-41298–7

I. Direito empresarial – Brasil. 2. Sociedades comerciais – Brasil. 3. Agroindústria. 4. Trabalhadores rurais. I. Título.

CDU 347.7:338-93(81)

Junio Martins Lourenço – Bibliotecário – CRB-6 3167

À Aquela que faz do cinza, azul...

"A vida é feita de poucas certezas
e muitos dar-se um jeito."
Guimarães Rosa

AGRADECIMENTOS

O ato de agradecer é, talvez, o mais nobre após a conclusão de um sonho. É o poder e a capacidade de olhar para o passado com humildade e perceber o entrelaçar de pessoas, fatos, atos e, até mesmo, sorte, que coadunaram com as páginas escritas e conclusões adquiridas.

Fazendo esse exercício a memória vai longe e, cada vez mais, percebo a impossibilidade de agradecer nominalmente a todos que colaboraram expressamente para esse livro, mas que, tem sim, um peso inquestionável.

Inicialmente, agradeço a minha esposa, prefaciadora, sócia de vida e de negócios. Tenho a clara percepção que sem a sua mão, suas noites de sono roubadas e seu amor incondicional, esse livro não teria nem começado – afinal, foi sob o seu irredutível estímulo que me inscrevi no mestrado, onde a pesquisa daria origem ao presente livro.

A minha família, pela compreensão da minha ausência nos finais de semana, feriados e datas comemorativas, além de todo o suporte durante toda a minha vida, inclusive em momentos que pareciam insuperáveis.

À AMIPA (Associação Mineira dos Produtores de Alho) na pessoa do seu presidente, Flávio Márcio, por todo o auxílio e disponibilidade, sem a qual não seria possível compreender a relação fática entre o direito e a cadeia produtiva do alho.

Aos componentes da minha banca de Mestrado, Dr. Marlon, Dr. Ricardo e Dra. Daniela, que acreditaram e encaminharam essa pesquisa sobre um tema de extrema importância do qual a literatura jurídica não trata.

Por fim, a Deus, por proporcionar o bem mais valioso a cada um de nós, a saúde em tempos tão sombrios, além de olhar e velar por cada um nos momentos mais difíceis e desafiadores da jornada.

DEDICATÓRIA

> "Você pode até precisar de um médico ou um advogado uma vez no ano ou na vida, mas precisará de um produtor rural pelo menos três vezes ao dia."

Infelizmente não tenho a autoria dessa frase para poder dar os devidos créditos, mas ela retrata essencialmente a percepção que, como advogado, tenho da realidade.

Acredito que não faria sentido se nessa apertada dedicatória não houvesse uma menção expressa aos produtores rurais que com inenarráveis desafios abastecem nossas casas com alimentos e geram renda, emprego e dignidade em todos os cantos do Brasil.

A presente obra tem um foco específico, as organizações societárias de produtores rurais pessoa física que retratam expressamente a situação do Agronegócio brasileiro que, apesar de extremamente rico e produtivo, faz o uso, muitas vezes, da organização mais precária e simples existente na legislação.

Dedico a presente obra a todos os produtores rurais no Brasil, que, independente do tempo, da perspectiva econômica e das dificuldades logísticas tem a terra no seu sangue e produzem com amor, produzem para que seus filhos os nossos – e até daqueles que os criticam – possam se alimentar três vezes ao dia.

LISTA DE ABREVIATURAS E SIGLAS

AMIPA	Associação Mineira dos Produtores de Alho
ARPEN	Associação Nacional dos Registradores de Pessoas Naturais
CEPEA	Centro de Estudos Avançados em Economia Aplicada
CC	Código Civil
CNJ	Conselho Nacional de Justiça
CNPJ	Cadastro Nacional de Pessoas Jurídicas
CPF	Cadastro de Pessoas Físicas
COVID 19	Corona Vírus Disease
DBE	Documento Básico de Entrada
IN	Instrução Normativa
INCRA	Instituto Nacional de Colonização e Reforma Agrária
PIB	Produto Interno Bruto
RFB	Receita Federal do Brasil
SEFA	Secretaria de Estado de Fazenda
STJ	Superior Tribunal de Justiça

PREFÁCIO

O Agronegócio sustenta a economia brasileira, respondendo por mais de 1/4 de toda a receita gerada no nosso país, como declara o livro aqui prefaciado. Entretanto, nossa literatura jurídica continua carente de obras que o enxerguem como ele é: um setor em crescimento, profissionalização e movimento contínuo.

Escrever sobre esse Agronegócio com o olhar voltado apenas para o legislativo e para o confortável universo acadêmico do Direito, não é o suficiente. É preciso coragem para ir além. Sabe o que você mais vai encontrar nessa obra? Coragem.

O texto abrange um tema complexo e necessário no caminho da profissionalização do Agronegócio Brasileiro, ao passo que faz isso de forma leve e extremamente completa, quase como se fosse fácil fazê-lo – e ouso afirmar que para o autor, se é, diante de toda grande experiência prática e teórica de Luis Martins Romanni.

Uma literatura limpa e clara, que preenche nossas grandes lacunas sobre as sociedades de produtores rurais pessoa física e os seus "porquês" – tantas vezes antes incompreendidos por todos nós, juristas, que nos acomodamos longe da realidade do Produtor Rural.

O leitor será presenteado com um estudo profundo sobre as sociedades rurais no direito brasileiro, abarcando a conceituação do produtor rural pessoa física, a atividade agrária, o produtor rural pessoa física como empresário e a empresa agrária.

A obra conta com um verdadeiro arcabouço sobre as sociedades dos produtores rurais que atuam na pessoa física, seus fundamentos jurídicos e sua implicação no que concerne a responsabilização dos sócios envolvidos, aliando toda a base legal e doutrinária à uma pesquisa empírica e entrevista que nos aproxima daquela realidade do Agronegócio, ainda quase desconhecida pela doutrina.

Um livro que é também uma oportunidade única para o leitor conhecer o Agronegócio como ele é, os desafios vividos pelo produtor rural, e suas implicações jurídicas, sob o olhar de quem vive o Agro no seu dia a dia.

Luis, que nos presenteia com essa brilhante obra, não é somente um grande jurista e uma das maiores referências no Direito do Agronegócio Brasileiro, mas também produtor rural de alho, que conhece o campo e traz consigo uma empatia rara, comum apenas a quem vive a compreensão forçada do que envolve a aplicação do Direito no mundo real do Agronegócio.

Essa obra representa um marco na literatura jurídica brasileira, de valor inestimável não só para a consolidação do Direito Societário no Agronegócio, mas para a própria profissionalização do setor como um todo.

Minha mais absoluta admiração ao Luis, o qual agradeço ainda por toda a sua generosidade em estender com tamanha riqueza um conhecimento único, composto pelo equilíbrio exato entre o Direito, e sua aplicação dentro do Agronegócio, trazido com maestria.

Recebi aqui, por meio desse livro, a graça de dividir com você um pouco desse autor brilhante, que tem em si tudo o que eu conheço de bom.

Meu conselho sincero é que você absorva Luis, esteja aberto a aprender com ele. Um daqueles profissionais que você só encontra vez ou outra em cada geração, disposto a semear o que tem de melhor por onde passa.

Parabenizo ainda você, leitor, pela escolha de se aprofundar em um tema necessário a um país que é hoje, o terceiro maior produtor de alimentos do mundo, segundo a Organização das Nações Unidas para Alimentação e Agricultura (FAO). Prezo para que essa leitura te dê a coragem necessária para que você vá além.

março de 2022

Karen Lorrane Martins Romanni

Advogada e Professora

SUMÁRIO

1

INTRODUÇÃO

O Agronegócio Brasileiro representou, segundo o Centro de Estudos Avançados em Economia Aplicada (CEPEA), 26,6% do Produto Interno Bruto (PIB) brasileiro em 2020 – ano de eclosão da pandemia do Corona Vírus Disease (COVID 19) – o que demonstrou um expressivo aumento em comparação ao ano de 2019, quando representava 20,5% do PIB.

Não obstante tal dado, o setor ainda possui um aspecto tradicional vinculado, essencialmente, ao direito agrário que precisa ser observado de forma mais ampla e evolutiva sob o prisma da empresarialidade. Importante mencionar que o Código Civil (CC) em vigor (Lei n. 10.406/2002) passou a oportunizar ao produtor rural pessoa física o direito de escolha, isto é, se deseja ser regido pelo direito empresarial ou direito civil, nos termos do art. 971 do referido diploma legal.

Contudo, o que se observa é que, mesmo com o alto valor econômico movimentado (26,6% do PIB), os produtores rurais permanecem atuando na pessoa física por expressa opção – conforme verificou-se a partir de pesquisa empírica no presente trabalho -, submetidos a um regime associativo sem personalidade jurídica. O tema não tem recebido a devida atenção da doutrina brasileira, sendo que não há abordagem específica da doutrina, no que pese a participação significativa nas riquezas produzidas no Brasil – mais de 1/4 (um quarto) de todas as riquezas produzidas

Nesse ínterim, o que se observa é uma escassez de obras específicas e dedicadas a temas societários relativos aos produtores rurais pessoa física, considerando-se a necessidade de combinação da análise do tema do direito empresarial em conjunto com o direito agrário brasileiro, com abrangência societária e, ainda, os possíveis desdobramentos da ausência de registro do produtor rural na junta comercial, conforme permissivo legal.

A importância do estudo dos aspectos societários relativos ao produtor rural e suas imensas peculiaridades – decorrentes da atividade, modelo associativo e realidade diversa – é imprescindível para que se abarque institutos robustos que, realmente, enfrentam os problemas da classe e promovam soluções aplicáveis que permitam a prosperidade econômica das sociedades rurais.

Nesse sentido, a presente obra tem como **objeto de estudo**, a estruturação societária dos produtores rurais de alho pessoa física de Minas Gerais quanto a responsabilização dos sócios.

A fim de atingir os objetivos propostos, descritos a seguir, a pesquisa em questão pretende responder ao seguinte **problema:** "Por que as sociedades de produtores rurais pessoas física produtores de alho de Minas Gerais desenvolvem atividades extremamente complexas e de alto valor agregado utilizando-se de uma formatação societária despersonificada?"

Na busca de possíveis respostas à problemática suscitada, delineou-se como **objetivo geral** reconhecer qual o enquadramento do regime societário utilizado pelos produtores rurais de alho pessoa física e compreender o motivo da utilização, assim como os desafios enfrentados pelos "Grupos" agrícola de Minas

Gerais; destacando como **objetivos específicos:** compreender desde a conceituação expressa utilizada pelo legislador brasileiro para quem é o produtor rural pessoa física, identificar o que o diferencia dos demais institutos jurídicos vez que, atua como empresário profissional – com os atributos legais preenchidos de economicidade, profissionalidade, organização e produção de riqueza – utilizando uma figura despersonalizada em uma atividade de alto risco.

Os "Grupos" – termo utilizado pelos próprios produtores – são modelos associativos utilizados para a exploração da atividade de plantio de alho na pessoa física devido ao custo, modelo de financiamento e complexidade do trabalho desenvolvido. Ressalte-se que os "Grupos" de Minas Gerais foram responsáveis pelo plantio de aproximadamente 8 (oito) mil hectares de alho somente no ano de 2021, o que resulta em um movimento financeiro estimado, apenas à título de custo de produção, em R$1.320.000.000,00 (um bilhão, trezentos e vinte milhões de reais).

Importante destacar aqui que dificuldades foram encontradas para fundamentar a pesquisa, a fim de compor um **quadro teórico-argumentativo**, devido à temática ser inovadora com poucos escritos de pesquisadores encontrados. Constituíram-se, então, como **referências** do presente estudo, os escritos dos seguintes autores como: Paulo Guilherme de Almeida, Francisco da Godoy Bueno, Fábio Ulhoa Coelho, Fábio Maria De-Mattia, Giselda Maria Fernandes Novaes Hironaka, Leonardo Furtado Loubet, Gladston Mamede, Benedito Ferreira Marques, Luiz Fernando Pereira, Mauro Ribeiro Barbosa Junior, Eduardo Goulart Pimenta, Frederico Garcia Pinheiro, André Luiz Santa Cruz Ramos, Fernando Campos Scaff, João Pedro Scalzilli, Rodrigo Telleche, Luis Felipe Spinelli, Rachel Sztajn, Tarcísio Teixeira, Igor Tenório, Marlon Tomazette, Flavia Trentini, Luciana de Andrade Saraiva.

Como **metodologia**, esta pesquisa qualitativa, de cunho descritivo, envolveu um estudo de caráter empírico e teórico, a partir da análise de documentos, ou seja, legislativa e doutrinária, bem como a realização da pesquisa bibliográfica e de campo, utilizando-se como técnica de pesquisa o instrumento questionário junto ao produtores de alho, componentes da Associação Mineira dos Produtores de Alho (AMIPA). O questionário foi elaborado com o propósito de compreender o regime societário das unidades associativas sob o prisma de pessoas físicas – denominadas como "Grupos Agrícolas" (com vínculo familiar ou não). Posteriormente, foi realizada uma entrevista semiestruturada.com o presidente da Associação, no intuito de que algumas dúvidas remanescentes da pesquisa realizada fossem, efetivamente, sanadas. Destaque-se que a entrevista fora devidamente gravada e transcrita, na íntegra. E teve como parâmetro para a sua fundamentação: Antonio Chizzotti (2005), Antônio Joaquim Severino (2007) e Antônio Carlos Gil (2011).

Ressalte-se que a escolha da Associação se deu por 3 (três) razões.

A primeira delas: No cultivo de alho, pela complexidade da atividade, altos custos de produção (em média R$ 165.000,00 por hectare plantado) e pela quantidade de funcionários (em média de 4 a 5 colaboradores por hectare plantado), a atividade é desenvolvida majoritariamente em sociedade – fato comprovado pelo resultado preliminar da pesquisa, em que 85,7% das respostas relataram que a atividade é desenvolvida em sociedade familiar ou não –, sendo que algumas chegam a ter mais de 40 componentes com atuação conjunta na pessoa física, possuindo, inclusive, Assembleias para eleição de Conselhos e Presidentes.

A segunda: O cultivo do alho, por ser extremamente artesanal, prescinde de uma grande quantidade de colaboradores - de

4 à 5 por hectare plantado - , o que representa, aproximadamente, 46,72% dos custos efetivos. Esse percentual, somado ao valor dos insumos e estruturas necessárias (irrigação artificial, câmara fria e demais implementos), onera de forma exponencial o custo de produção. Os custos elevador resultam em maior necessidade de crédito junto às instituições, com interferência direta no modelo de atuação dos "Grupos", que buscam viabilizar sua própria atividade por meio da utilização da pluralidade de Cadastros de Pessoas Físicas (CPF's) para captação de recursos.

Por fim, a terceira razão de escolha da AMIPA para realização da pesquisa empírica: O presidente da associação da associação se mostrou aberto à realização da pesquisa junto aos membros. Há de se fazer a ressalva que, apesar da solicitude, a pandemia e limitação de deslocamento afetou os resultados obtidos, diminuindo a quantidade de respostas colhidas (só possíveis por meio virtual).

A presente obra consta de 5 (cinco) capítulos. O **Capítulo 1** se refere à "Introdução", na qual foram descritas algumas considerações relevantes quanto à temática pesquisada, o objeto de estudo, o problema de pesquisa a ser respondido, seus objetivos, bem como suas hipóteses, justificativa, metodologia, o quadro teórico-argumentativo e o referencial teórico utilizado para a construção da presente dissertação de mestrado.

O **Capítulo 2** intitulado "As sociedades rurais no direito brasileiro", apresenta um breve panorama sobre os institutos do produtor rural pessoa física, sua característica empresária, os requisitos do empresário segundo o código civil de 2002 e a definição expressa do que seria a empresa agrária.

No **Capítulo 3** "Da sociedade de produtores rurais pessoa física", é abordada a conceituação legal de condomínio e consórcio de produtores rurais pessoa física; a possibilidade de adequação do Decreto n. 3.994 de 2001 que define o conceito de condomínio e consórcio de produtores rurais aos "Grupos" agrícolas que atuam em conjunto com seus respectivos Cadastros de Pessoa Física

(CPF) e, por fim, qual é a adequação jurídica societária constatada na realidade fática apreendida a partir da pesquisa empírica realizada.

Já, o **Capítulo 4** "Das características do grupo agrícola no cultivo de alho", se refere à Metodologia da pesquisa. Nesse capítulo, especificamente, é apresentada a natureza e o universo da pesquisa, bem como os métodos e técnicas/procedimentos de pesquisa utilizados para a busca das respostas plausíveis às questões norteadoras de pesquisa. Nesse capítulo é apresentada a análise e interpretação dos dados, ou seja, o diálogo entre a parte teórico-argumentativa e os dados produzidos. Com isso, apresenta uma síntese, cruzando os dados, ao referencial teórico e aos dados documentais.

E no **Capítulo 5**, são apresentadas as "Considerações Finais", onde, em linhas gerais, são relatadas as conclusões do presente estudo, na tentativa de responder às questões norteadoras da pesquisa; além da breve descrição das dificuldades encontradas no decorrer da pesquisa.

2

AS SOCIEDADES RURAIS NO DIREITO BRASILEIRO

2.1 A conceituação de produtor rural pessoa física

Não há uma conceituação expressa de Produtor Rural Pessoa Física nos diplomas positivados pelas casas legislativas brasileiras. Portanto, necessário se faz buscar a conceituação do instituto, a partir da interpretação sistemática das diversas leis existentes, no ínterim de compreender qual é a definição de atividade rural e, consequentemente, a definição de produtor rural pessoa física.

Na Lei Federal n. 5.889/1973 observa-se, em seu art. 3º, o conceito do Empregador Rural:

> Art. 3º **Considera-se empregador, rural**, para os efeitos desta Lei, **a pessoa física** ou jurídica, **proprietário ou não, que explore atividade agroeconômica, em caráter permanente ou temporário, diretamente ou através de prepostos e com auxílio de empregados.**[1] (grifos nossos)

---

[1] BRASIL. *Lei n. 5.889, de 8 de junho de 1973*. Estatui normas reguladoras do trabalho rural. Brasília, DF, 1973. Disponível em: http://www.planalto.gov.br/ccivil_03/leis/l5889.htm. Acesso em: 21 jun. 2021.

A partir do dispositivo elencado, observa-se que o requisito que especifica o empregador rural é a exploração da atividade agroeconômica, sendo que todos os demais são maleáveis, como a possibilidade de ser pessoa física ou jurídica, ser proprietário ou não de gleba, desenvolver em caráter permanente ou temporário e indireta ou indiretamente.

No art. 84, §§ 3°, 4° e 5° do Decreto n° 10.854 de 10 de novembro de 2021, que regulamenta disposições relativas a legislação trabalhista, foi especificada a definição da mencionada atividade agroeconômica:

> § 3° Considera-se como atividade agroeconômica, além da exploração industrial em estabelecimento agrário não compreendido na Consolidação das Leis do Trabalho, aprovada pelo Decreto-Lei n° 5.452, de 1943, a exploração do turismo rural ancilar à exploração agroeconômica.
>
> § 4° Para fins do disposto no § 3°, consideram-se como exploração industrial em estabelecimento agrário as atividades que compreendem o primeiro tratamento dos produtos agrários in natura sem transformá-los em sua natureza, tais como:
>
> I – o beneficiamento, a primeira modificação e o preparo dos produtos agropecuários e hortigranjeiros e das matérias-primas de origem animal ou vegetal para posterior venda ou industrialização; e
>
> II – o aproveitamento dos subprodutos provenientes das operações de preparo e modificação dos produtos in natura de que trata o inciso I.
>
> § 5° Para fins do disposto no § 3°, **não se considera indústria rural aquela que, ao operar a primeira modificação do produto agrário, transforme a sua natureza a ponto de perder a condição de matéria-prima.**[2] (grifos nossos)

O Estatuto da Terra (Lei n. 4.504/1964) determina a definição de imóvel rural no art. 4°, inc. I, nos seguintes termos:

---

[2] Decerto n. 10.854 de 10 de novembro de 2021. Regulamenta disposições relativas à legislação trabalhista. Disponível em: http://www.planalto.gov.br/ccivil_03/_Ato2019-2022/2021/Decreto/D10854.htm. Acesso em: 22 dez. 2021.

> I – "Imóvel Rural", o prédio rústico, de área contínua qualquer que seja a sua localização **que se destina à exploração extrativa agrícola, pecuária ou agroindustrial**, quer através de planos públicos de valorização, quer através de iniciativa privada;[3] (grifos nossos)

O art. 5º do Decreto n. 55.891/50 complementa:

> Art. 5º Imóvel rural é o prédio rústico, de área contínua, qualquer **que seja a sua localização em perímetros urbanos, suburbanos ou rurais dos municípios, que se destine à exploração extrativa, agrícola, pecuária ou agroindustrial**, quer através de planos públicos de valorização, quer através da iniciativa privada.[4] (grifos nossos)

A interpretação dos dispositivos descritos aponta para um critério comum entre o que caracteriza, tanto o Empregador quanto o Imóvel como rural: a exploração de atividade agroeconômica, ou seja, a exploração de atividades agrárias, como a criação de animais, ou mesmo, agroindústria.

A Lei n. 8.023/1990, relativa ao Imposto de Renda e resultado da atividade rural, optou por definir a atividade rural de maneira taxativa, elencando expressamente quais seriam as atividades consideradas rurais em seu art. 2º, veja-se:

> Art. 2º Considera-se atividade rural:
>
> I – a agricultura;
>
> II – a pecuária;
>
> III – a extração e a exploração vegetal e animal;
>
> IV – a exploração da apicultura, avicultura, cunicultura, suinocultura, sericicultura, piscicultura e outras culturas animais;

---

[3] BRASIL. *Lei n. 4.504, de 30 de novembro de 1964*. Dispõe sobre o Estatuto da Terra, e dá outras providências. Brasília, DF, 1964. Disponível em: http://www.planalto.gov.br/ccivil_03/leis/l4504.htm. Acesso em: 21 jun. 2021.

[4] BRASIL. *Decreto n. 55.891, de 31 de março de 1965*. Regulamento o Capítulo I do Título I e a Seção III do Capítulo IV do Título II da Lei n. 4.504, de 30 de novembro de 1964. Disponível em: http://www.planalto.gov.br/ccivil_03/decreto/1950-1969/D55891.htm. Acesso em: 21 jun. 2021.

> V – a transformação de produtos decorrentes da atividade rural, sem que sejam alteradas a composição e as características do produto in natura, feita pelo próprio agricultor ou criador, com equipamentos e utensílios usualmente empregados nas atividades rurais, utilizando exclusivamente matéria-prima produzida na área rural explorada, tais como a pasteurização e o acondicionamento do leite, assim como o mel e o suco de laranja, acondicionados em embalagem de apresentação.[5]

Importante destacar que, quanto às atividades agrárias principais – elencadas no artigo retromencionado – não houve restrição vinculada à dependência de imóvel rural com destinação agrária, para fornecimento de terra fértil, por exemplo. Há previsão de atividades de extrativismo animal como a caça e pesca, além de, criação de qualquer espécie animal (apicultura, suinocultura, piscicultura). Portanto, é nítido que o art. 2º da Lei n. 8.023/90 tomou como base a teoria da agrariedade de Antônio Carrozza, vez que considerou-se como atividade agrária a produção que depende de um ciclo biológico levando em conta a intervenção humana.[6]

Por derradeiro, em legislação mais recente, no Decreto n. 9.580/2018, que regulamenta a fiscalização e arrecadação em relação ao Imposto de Renda, o legislador buscou, novamente, definir atividade rural em termos taxativos:

> Art. 51. Para fins do disposto neste Regulamento, considera-se atividade rural (Lei n. 8.023, de 12 de abril de 1990, art. 2º; e Lei n. 9.430, de 1996, art. 59):

---

[5] BRASIL. Decreto n. 10.854 de 10 de novembro de 2021. Regulamenta disposições relativas à legislação trabalhista. Disponível em: http://www.planalto.gov.br/ccivil_03/_Ato2019-2022/2021/Decreto/D10854.htm. Acesso em: 22 dez. 2021.

[6] PINHEIRO, Frederico Garcia. *Empresa Agrária:* Análise jurídica do principal instituto do Direito Agrário contemporâneo no Brasil. 2010, 218 f. Dissertação (Mestrado em Ciências Sociais Aplicadas – Direito) – Universidade Federal de Goiás, Goiânia, 2010, p. 134. Disponível em: https://repositorio.bc.ufg.br/tede/handle/tde/1488. Acesso em: 25 ago. 2021.

I – a agricultura;

II – a pecuária;

III – a extração e a exploração vegetal e animal;

IV – a exploração:

a) da apicultura;

b) da avicultura;

c) da cunicultura;

d) da suinocultura;

e) da sericicultura;

f) da piscicultura; e

g) de outras culturas animais;

V – a transformação de produtos decorrentes da atividade rural, desde que não sejam alteradas a composição e as características do produto *in natura*, feita pelo próprio agricultor ou pelo criador, com equipamentos e utensílios usualmente empregados nas atividades rurais, com uso exclusivo de matéria-prima produzida na área rural explorada, tais como a pasteurização e o acondicionamento do leite e o acondicionamento do mel e do suco de laranja em embalagem de apresentação; e

VI – o cultivo de florestas que se destinem ao corte para comercialização, consumo ou industrialização.

§ 1º O disposto neste artigo não se aplica à mera intermediação de animais e de produtos agrícolas (Lei n. 8.023, de 1990, art. 2º, parágrafo único).

§ 2º As atividades a que se refere o inciso III do *caput* abrangem a captura de pescado in natura , desde que a exploração se faça com apetrechos semelhantes aos da pesca artesanal, tais como arrastões de praia e rede de cerca, inclusive a exploração em regime de parceria.[7]

---

7 BRASIL. *Decreto n. 9.580, de 22 de novembro de 2018*. Regulamenta a tributação, fiscalização, a arrecadação e a administração do Imposto sobre a Renda e Proventos de Qualquer Natureza. Brasília, DF, 2018. Disponível em: http://www.planalto.gov.br/ccivil_03/_Ato2015-2018/2018/Decreto/D9580.htm. Acesso em: 21 jun. 2021.

De acordo com Tarcísio Teixeira, pode ser considerada rural a atividade de natureza: agrícola (como o cultivo e a produção de vegetais no geral); pecuária (consistente na engorda e criação de animais); extrativa (na qual se obtém produtos recursos prontos da própria natureza sem a necessidade do manejo do homem); ou agroindustrial (advinda da industrialização e transformação de produtos agrícolas e pastoris).[8]

Há de se pontuar que, no que concerne ao conceito de atividade rural, o legislador buscou abarcar todos os tipos de ocorrências do meio campesino, empregando a maior quantidade de detalhes possível, tarefa árdua, vez que em diversos dispositivos o legislador optou por usar a cláusula "tais como" no intuito de exemplificar o que pretendia, o que gera insegurança conceitual e jurídica.[9]

Flavia Trentini esboça confusão legislativa, com a afirmação de que a doutrina e a jurisprudência brasileira deverão trabalhar em busca de um consenso sobre a definição, de fato, do que é a atividade agrária, pois somente no Estatuto da Terra encontram-se encontram-se diversos conceitos distintos para a atividade agrária ou rural, somadas ainda as outras definições advindas de leis trabalhistas e tributárias.[10]

Mediante tal insegurança, a Instrução Normativa (IN) da Receita Federal do Brasil (RFB) de n. 971/2009[11] presente no seu

---

[8] TEIXEIRA, Tarcísio. A Organização da Empresa Rural e o seu Regime Jurídico. *Revista de Direito Empresarial*, v. 2, 2014, p. 11.

[9] LOUBET, Leonardo Furtado. *Tributação federal no agronegócio*, 3. ed. São Paulo: Noeses, 2017, p. 50.

[10] TRENTINI, Flavia. O novo conceito de Empresa. *Revista dos Tribunais*, v. 92, n. 813, p. 11-25, jul. 2003, p. 15.

[11] BRASIL. *Instrução Normativa RFB n. 971, de 13 de novembro de 2009*. Dispõe sobre normas gerais de tributação previdenciária e de arrecadação das contribuições sociais destinadas à Previdência Social e as

art. 165 a2 trouxe a definição do que seria produtor rural pessoa física, como sendo aquele que é proprietário ou não de terras e que explore atividade agropecuária ou pesqueira em caráter permanente ou temporário, sendo diretamente, ou por intermédio de terceiros – com ou sem auxílio de empregados.

O ponto de contato entre a definição do que seria o produtor rural pessoa física é, basicamente, o desenvolvimento de atividade rural, ou taxativa, nos termos legislativos anteriores.

Tal dado é essencial porque o imóvel rural é revestido de uma característica econômica que exige um atributo de bem de produção em razão da atividade nele desenvolvida. Por isso, o imóvel rural não pode ter o mesmo tratamento dos demais bens imobiliários que somente satisfazem as necessidades de uso e consumo individual, vez que, diferentemente, é destinado à produção.[12]

A atividade que caracteriza o imóvel como rural é a agrária, na qual se inter-relacionam o comedido trato da terra, o processo agrobiológico e o homem, que atua de maneira profissional e submetido ao risco biológico no intuito de obter uma produção – agrícola, pecuária, florestal, extrativista – ou, ainda, o beneficiamento, transformação e alienação do produto advindo da exploração da terra.[13]

---

destinadas a outras entidades ou fundos, administradas pela Secretaria da Receita Federal do Brasil (RFB). Disponível em: http://normas.receita.fazenda.gov.br/sijut2consulta/link.action?idAto=15937. Acesso em: 25 ago. 2021.

12 ALMEIDA, Paulo Guilherme de. Critério para a definição de Imóvel Rural. *Revista de direito civil, imobiliário, agrário e empresarial*, v. 10, n. 36, p. 101-106, abr./jun. 1986. p. 102. Disponível em: https://www.lexml.gov.br/urn/urn:lex:br:rede.virtual.bibliotecas:artigo.revista:1986;1000430076. Acesso em: 25 ago. 2021.

13 PEREIRA, Luiz Fernando; BARBOSA JUNIOR, Mauro Ribeiro. *Direito Aplicado Ao Agronegócio*. Porto Alegre: SAGAH, 2018, p. 72.

Diante de tal perspectiva, alerta Fernando Scaff que na adoção do critério da agrariedade – no qual se leva em consideração o ciclo agrobiológico vegetal/animal com intervenção humana – observa-se que no extrativismo não há intervenção humana junto à terra. Nesse contexto, se no extrativismo vegetal e na captura de animais (como a pesca) a atividade humana limita-se a obtenção do produto no final do ciclo agrobiológico sem que sua participação seja essencial na sua evolução, não haveria o enquadramento enquanto atividade agrária.[14]

Destaca Tarcísio Teixeira que quando se menciona atividade rural, refere-se às atividades humanas ligadas ao campo no intuito de obtenção de frutos, que são devidamente denominadas como rurais, agrárias ou agrícolas.[15]

Portanto, o que se define a condição de produtor rural pessoa física é o desenvolvimento de atividade agrária, independentemente de ser proprietário de gleba ou não, de desenvolver atividade em conjunto com colaboradores ou sozinho e da atividade ser permanente ou temporária, no uso da sua pessoa física, conforme expressamente delimitada pela IN – Conjunta da RFB.

2.2 Atividade agrária

Em 1978, prelecionava Igor Tenório que: "O direito da atividade agrícola apresenta complexa gama de relações surgidas da atividade do agricultor ou do empresário agrícola e da titularidade da exploração do fundo."[16]

---

[14] SCAFF, Fernando Campos. *Aspectos fundamentais da empresa agrícola*. São Paulo: Malheiros, 1997, p. 90.

[15] TEIXEIRA, Tarcísio. A Organização da Empresa Rural e o seu Regime Jurídico. *Revista de Direito Empresarial*, v. 2, 2014, p. 12.

[16] TENÓRIO, Igor. *Manual de Direito Agrário Brasileiro*, 2. ed. São Paulo: Editora Resenha Universitária, 1978, p. 14.

Como se constatou, o requisito essencial na definição de produtor rural pessoa física no art. 3º da Lei Federal n. 5.889/1973,[17] art. 84 do Decreto n. 10.854/21,[18] no art. 4º inc. I do Estatuto da Terra,[19] no art. 5º do Decreto n. 55.891/50,[20] art. 2º da Lei n. 8.023/1990,[21] art. 51 do Decreto n. 9.580/2018[22] e art. 165 a2 da IN da RFB de n. 971/2009[23] é a atividade rural, agroeconômica, exploração extrativa agrícola, pecuária ou agroindustrial e atividade agropecuária ou pesqueira.

---

17 BRASIL. *Lei n. 5.889, de 8 de junho de 1973*. Estatui normas reguladoras do trabalho rural. Brasília, DF, 1973. Disponível em: http://www.planalto.gov.br/ccivil_03/leis/l5889.htm. Acesso em: 21 jun. 2021.

18 BRASIL. *Decerto n. 10.854, de 10 de novembro de 2021*. Regulamenta disposições relativas à legislação trabalhista. Disponível em: http://www.planalto.gov.br/ccivil_03/_Ato2019-2022/2021/Decreto/D10854.htm. Acesso em: 22 dez. 2021.

19 BRASIL. *Lei n. 4.504, de 30 de novembro de 1964*. Dispõe sobre o Estatuto da Terra, e dá outras providências. Brasília, DF, 1964. Disponível em: http://www.planalto.gov.br/ccivil_03/leis/l4504.htm. Acesso em: 21 jun. 2021.

20 BRASIL. *Decreto n. 55.891, de 31 de março de 1965*. Regulamenta o Capítulo I do Título I e a Seção III do Capítulo IV do Título II da Lei n. 4.504, de 30 de novembro de 1964 – Estatuto da Terra. Disponível em: http://www.planalto.gov.br/ccivil_03/decreto/1950-1969/d55891.htm. Acesso em: 21 jun. 2021.

21 BRASIL. *Lei n. 8.023, de 12 de abril de 1990*. Altera a legislação do Imposto de Renda sobre o resultado da atividade rural, e dá outras providências. Brasília, DF, 1990. Disponível em: http://www.planalto.gov.br/ccivil_03/leis/l8023.htm. Acesso em: 21 jun. 2021.

22 BRASIL. *Decreto n. 9.580, de 22 de novembro de 2018*. Regulamenta a tributação, fiscalização, a arrecadação e a administração do Imposto sobre a Renda e Proventos de Qualquer Natureza. Brasília, DF, 2018. Disponível em: http://www.planalto.gov.br/ccivil_03/_Ato2015-2018/2018/Decreto/D9580.htm. Acesso em: 21 jun. 2021.

23 BRASIL. *Instrução Normativa RFB n. 971, de 13 de novembro de 2009*. Dispõe sobre normas gerais de tributação previdenciária e de arrecadação das contribuições sociais destinadas à Previdência Social e as destinadas a outras entidades ou fundos, administradas pela Secretaria da Receita Federal do Brasil (RFB). Disponível em: http://normas.receita.fazenda.gov.br/sijut2consulta/link.action?idAto=15937. Acesso em: 25 ago. 2021.

O legislador usou o termo "atividade rural" em diversos dispositivos, o que, de acordo com Benedito Ferreira Marques é algo equivocado, afinal o termo "rural" é tido como algo distante da cidade, independente da sua destinação, já o agrário é um campo suscetível de produção e destinado a exploração. O rural tem uma conotação estática, o agrário um caráter dinâmico.[24]

A partir da leitura dos dispositivos esboçados – como atividade rural e agroeconômica – o que se observa, de fato, é a existência de críticas como a apresentada por Benedito Ferreira Marques para a terminologia adotada pelo legislador. Todavia, no ínterim de promover-se a padronização da terminologia, adotar-se-á na presente pesquisa o adjetivo "agrário" a partir do presente momento, ressalvando, desde já, que em diversos dispositivos legais são utilizados outros termos para representar a atividade agrária.

Como se verifica, fora objeto de legislação a definição de atividade agrária de forma taxativa – ainda que de forma subjetiva e ampla. Contudo, durante os anos surgiram teorias clássicas que buscavam a exata definição do que seria a atividade agrária.

A primeira delas foi a teoria agrobiológica, desenvolvida por Rodolfo Ricardo Carrera na qual, em apertada síntese, o que diferencia a atividade agrária das demais é o processo agrobiológico iniciado pelo trabalho do homem e incidente sobre a terra.

A segunda teoria foi desenvolvida por Antonio Carrozza – teoria da agrariedade – que definiu a atividade agrária como aquela que decorre de um ciclo natural do processo agrobiológico sujeito aos riscos naturais técnicos que não são completamente previstos e controlados pela ação antrópica, submetidos, ainda, aos riscos econômicos específicos advindos da produção agrária direcionada ao mercado consumidor em geral. Ponto de destaque e diferenciação entre as teorias é o fato da teoria agrobiológica elencar como imprescindível a presença da terra, enquanto a segunda não.[25]

---

[24] MARQUES, Benedito Ferreira. *Direito agrário brasileiro*. 11. ed. São Paulo: Atlas, 2015, p. 3.

[25] PINHEIRO, Frederico Garcia. *Empresa Agrária:* Análise jurídica do principal instituto do Direito Agrário contemporâneo no Brasil. 2010, 218 f. Dissertação

Por derradeiro, Antonino C. Vivanco desenvolveu a teoria da acessoriedade, um estudo no intuito de albergar aquelas atividades que, ainda que consideradas não-agrárias, deveriam ser agregadas às agrárias quando houvesse uma ligação inerente. Nesse ínterim, entende o estudioso que quando a atividade agrária tiver o papel principal e as comerciais/industriais desempenham papel complementar, elas também devem ser consideradas agrárias. A partir do momento em que o papel principal da atividade passar a ser comercial ou industrial, a atividade deixa de ser agrária.[26]

Importante tal estruturação, tendo em vista que as atividades desenvolvidas no campo não são só aquelas relacionadas à produção agropecuária. Há diversos outros serviços, como é o caso da locação de pasto para engorda, locação de área para confinamento,[27] atividade de transformação de leite em manteiga, do látex em borracha e da uva em vinho.[28]

Tais atividades – não advindas essencialmente da produção, que seria a realização do produto orgânico a partir de recursos oferecidos pela natureza – mas que estão visceralmente ligadas a uma atividade de produção, são consideradas acessórias e conexas. A atividade conexa possui dois requisitos indissociáveis, o primeiro deles (subjetivo) é o fato de ser o mesmo sujeito que desenvolve as atividades de produção e as atividades conexas e o segundo

---

(Mestrado em Ciências Sociais Aplicadas – Direito) – Universidade Federal de Goiás, Goiânia, 2010, p. 122-129. Disponível em: https://repositorio.bc.ufg.br/tede/handle/tde/1488. Acesso em: 25 ago. 2021.

26 PINHEIRO, Frederico Garcia. *Empresa Agrária:* Análise jurídica do principal instituto do Direito Agrário contemporâneo no Brasil. 2010, 218 f. Dissertação (Mestrado em Ciências Sociais Aplicadas – Direito) – Universidade Federal de Goiás, Goiânia, 2010, p. 127. Disponível em: https://repositorio.bc.ufg.br/tede/handle/tde/1488. Acesso em: 25 ago. 2021.

27 TEIXEIRA, Tarcísio. A Organização da Empresa Rural e o seu Regime Jurídico. *Revista de Direito Empresarial*, v. 2, 2014, p. 11.

28 SCAFF, Fernando Campos. *Aspectos fundamentais da empresa agrícola*. São Paulo: Malheiros, 1997, p. 85.

(objetivo) refere-se ao fato da atividade conexa ser desenvolvida a partir daquele produto principal (gênero agrário).[29]

Ressalte-se que algumas atividades, ainda que definidas como agrárias pelos dispositivos legais, colhem críticas da doutrina. Fernando Scaff, de forma expressa ressalta que, ainda que o art. 4º do Estatuto da Terra preveja a possibilidade de ser desenvolvido dentro de um imóvel rural o extrativismo, caso a atividade seja observada de maneira mais estrita, não poderá ser qualificada como agrária, vez que o ciclo agrobiológico envolvido na produção do alimento recolhido/coletado/capturado não sofreu nenhuma efetiva atuação do homem.[30]

Giselda Hironaka, no mesmo sentido, conceitua a atividade extrativista como uma simples coleta, extração ou captura de material espontaneamente gerados pela flora e pela fauna, sendo que, no ciclo agrobiológico desses bens extraídos não houve, em momento algum, a atuação do homem. Ressalta a autora, ainda, que no Brasil a atividade extrativa é comportada dentro de uma atividade agrária e classificada como principal.[31]

Como se verificou, não há conceituação legal expressa para diversos termos utilizados no meio rural, sendo que, para a conceituação de produtor rural pessoa física, inicialmente, se fez necessária a interpretação sistemática de diversos dispositivos. Isso vale para a atividade agrária que, a começar pela terminologia – denominada com variações no texto legal, como atividade rural e atividade agroeconômica – não alberga necessariamente nenhuma das teorias retromencionadas, optando o legislador por tratar de maneira taxativa quais seriam as atividades agrárias ou não.

---

[29] SCAFF, Fernando Campos. *Aspectos fundamentais da empresa agrícola*. São Paulo: Malheiros, 1997, p. 85-86.

[30] SCAFF, Fernando Campos. *Aspectos fundamentais da empresa agrícola*. São Paulo: Malheiros, 1997, p. 81.

[31] HIRONAKA, Giselda Maria Fernandes Novaes. Atividade Extrativa. *Revista de direito civil, imobiliário, agrário e empresarial*, v. 9, n. 33, p. 67-83, jul./set. 1985, p. 83.

Nesse ínterim, no que pesem as teorias existentes, optar-se-á no presente trabalho por utilizar como parâmetro as atividades descritas no art. 51 do Decreto n. 9.580/2018, por se tratar do texto legal mais recente e que, de fato, é utilizado atualmente para definir quais são as atividades agrárias tratadas de maneira taxativa no intuito de adequar as situações fáticas estudadas ao direito posto.

2.3 O produtor rural pessoa física como empresário

É considerado empresário rural a pessoa física ou jurídica que realiza, de forma profissional, através de um estabelecimento, a atividade de criação de animais, cultivo de vegetais ou extração de bens destinados ao consumo. Tradicionalmente, aquele que desenvolve a atividade rural é pessoa física, todavia o empresário rural pode desenvolver a atividade de maneira individual – "empresário individual rural" – ou por meio da constituição de uma sociedade empresária.[32]

A afirmação de Tarcísio Teixeira se dá pelo modo como fora arquitetado o regime jurídico do empresário rural no art. 971 do CC:

> Art. 971. O empresário, cuja atividade rural constitua sua principal profissão, pode, observadas as formalidades de que tratam o art. 968 e seus parágrafos, requerer inscrição no Registro Público de Empresas Mercantis da respectiva sede, caso em que, depois de inscrito, ficará equiparado, para todos os efeitos, ao empresário sujeito a registro.[33]

---

[32] TEIXEIRA, Tarcísio. A Organização da Empresa Rural e o seu Regime Jurídico. *Revista de Direito Empresarial*, v. 2, 2014, p. 14.

[33] BRASIL. *Lei n. 10.406, de 10 de janeiro de 2002*. Institui o Código Civil. Brasília, DF, 2002. Disponível em: http://www.planalto.gov.br/ccivil_03/leis/2002/l10406compilada.htm. Acesso em: 21 jun. 2021.

Observa-se que o art. 971 do CC é aplicável ao empresário individual, contudo, importante ressaltar que há regra similar destinada às sociedades empresárias no art. 984 do CC:

> Art. 984. A sociedade que tenha por objeto o exercício de atividade própria de empresário rural e seja constituída, ou transformada, de acordo com um dos tipos de sociedade empresária, pode, com as formalidades do art. 968, requerer inscrição no Registro Público de Empresas Mercantis da sua sede, caso em que, depois de inscrita, ficará equiparada, para todos os efeitos, à sociedade empresária.[34]

Portanto, ocorrendo o requerimento do registro da empresa agrária na Junta Comercial, ela passa a se submeter ao regime jurídico empresarial brasileiro, podendo requerer falência e recuperação judicial. Contudo, aquele que não efetuar a inscrição perante o Registro Público de Empresas Mercantis não será tido como empresário ou sociedade empresária, sendo pautado pelo CC.[35]

Ao se inscrever na Junta Comercial os empresários rurais estão livres para escolher qualquer forma societária que seja mais adequada ao fim perseguido, entretanto, há de se levar em consideração que não haverá nenhuma adaptação no modelo formal elencado para as exigências peculiares da atividade agrária, devendo, o empreendimento, seguir todas as regras impostas ao modelo societário escolhido.[36]

Ou seja, os empresários rurais possuem atividades organizadas voltadas para o mercado, sendo, todavia, possuidoras de um

---

[34] BRASIL. *Lei n. 10.406, de 10 de janeiro de 2002*. Institui o Código Civil. Brasília, DF, 2002. Disponível em: http://www.planalto.gov.br/ccivil_03/leis/2002/l10406compilada.htm. Acesso em: 21 jun. 2021.

[35] TEIXEIRA, Tarcísio. A Organização da Empresa Rural e o seu Regime Jurídico. *Revista de Direito Empresarial*, v. 2, 2014, p. 14.

[36] DE-MATTIA, Fábio Maria. Empresa Agrária e Estabelecimento Agrário. *Revista da Faculdade de Direito*, Universidade de São Paulo, v. 90, 1995, p. 3.

regime diverso no direito brasileiro. Assim sendo, os empresários rurais pessoas físicas que dependem da atividade rural podem – por sua faculdade – se sujeitar ao regime empresarial ou não. Logo, caso o empresário rural se registre na Junta Comercial, estará sujeito ao regime empresarial, podendo usufruir de seus benefícios, sendo excluído do regime civil.[37]

As atividades rurais – ainda que exploradas profissionalmente de forma organizada para produção de bens e serviços – merecem tratamento específico pela implicação de algumas variáveis. Nesse contexto, deixou, o legislador, opção a cargo do exercente de atividade rural a possibilidade de Registro na Junta, sendo considerado empresário e sujeito ao regime empresarial a partir do registro. Contudo, caso o empresário rural não deseje fazer a inscrição, pode, se a atividade for exercida em sociedade, registrar seus atos constitutivos no Registro Civil de Pessoas Jurídicas – característica comum de titulares de negócios rurais familiares.[38]

Nessa esteira, conclui Eduardo Pimenta que os empresários rurais têm seu regime definido não pelo objeto da atividade, mas sim pelo local onde arquivam seus atos constitutivos, podendo ser na junta comercial ou cartório civil.[39]

Em crítica ao procedimento adotado pelo legislador tupiniquim, Rachel Sztajn afirma que a diferenciação do empresário rural que atua de forma organizada para os demais empresários é inexplicável, afinal não se baseia na organização da atividade exercida, mas sim na opção subjetiva do empresário rural escolher se será tratado

---

37 TOMAZETTE, Marlon. *Curso de direito empresarial:* Teoria geral e direito societário. 8. ed. São Paulo: Atlas, 2017, p. 104.

38 COELHO, Fábio Ulhoa. *Curso de direito comercial.* 16. ed. São Paulo: Saraiva, 2012, p. 159.

39 PIMENTA, Eduardo Goulart. *Direito societário.* Porto Alegre: Editora Fi, 2017, p. 33.

como empresário ou não, podendo, nesse sentido, estar fora da fiscalização no que concerne à disciplina da empresa por sua mera escolha.[40]

Essa situação diferenciada tem uma explicação histórica. Inicialmente a produção agrícola não estava imersa no direito comercial por ser, predominantemente, desenvolvida em regime de subsistência – agricultura familiar – no período em que a população brasileira ainda era majoritariamente rural. A grande propriedade rural voltada para a produção de larga escala – apesar de sempre existir – só se tornou mais presente na realidade brasileira com o êxodo rural acentuado, o que gerou uma maior necessidade de produção de alimentos, fazendo com que o produtor rural se especializa-se com o uso intensivo de capital e tecnologia.[41]

Portanto, no Brasil, a atividade rural é desenvolvida sob o prisma de duas organizações econômicas antagônicas. Se de um lado tem-se a agroindústria com emprego da alta tecnologia, mão de obra assalariada, especialização de culturas e grandes áreas de cultivo, tem-se de outro lado a agricultura familiar, na qual trabalham o dono da terra e seus familiares, com pequenas áreas de cultivo. Atento a essa dicotomia extremada, o legislador concedeu ao empresário rural um tratamento específico, regido pela escolha do regime que desejar adotar.[42]

Em reforço a tal posição, o enunciado n. 201, advindo de uma das Jornadas de Direito Civil promovidas pelo Conselho Nacional de Justiça (CNJ), expressa que: "O empresário rural e a sociedade empresária rural, inscritos no registro público de empresas mercantis, estão sujeitos à falência e podem requerer concordata."[43]

---

[40] SZTAJN, Rachel. *Teoria jurídica da empresa*. 2. ed. São Paulo: Atlas, 2010, p. 86.

[41] SCALZILLI, João Pedro; TELLECHE, Rodrigo; SPINELLI, Luis Felipe. *Introdução ao Direito Empresarial*. Porto Alegre: Buqui, 2020, p. 197.

[42] COELHO, Fábio Ulhoa. *Manual de direito comercial:* direito de empresa. 28. ed. São Paulo: Revista dos Tribunais, 2016, p. 19-20.

[43] BRASIL. *Lei n. 10.406, de 10 de janeiro de 2002*. Institui o Código Civil. Brasília, DF, 2002. Disponível em: http://www.planalto.gov.br/ccivil_03/leis/2002/l10406compilada.htm. Acesso em: 21 jun. 2021.

O enunciado seguinte, n. 202, dispõe sobre a possibilidade de opção do empresário ou sociedade rural quanto ao registro na junta nos seguintes termos: "O registro do empresário ou sociedade rural na Junta Comercial é facultativo e de natureza constitutiva, sujeitando-o ao regime jurídico empresarial. É inaplicável esse regime ao empresário ou sociedade rural que não exercer tal opção."[44]

Importante mencionar que em recente decisão do Superior Tribunal de Justiça (STJ) no Resp n. 1.800.032/MT do relator Ministro Marco Buzzi, restou definido que a inscrição do produtor rural pessoa física na Junta Comercial, tão somente altera o regime civil para o empresarial, pois o registro tem efeito constitutivo apto a retroagir, pelo fato dos requisitos elencados pelo art. 966 do CC já se encontrarem preenchidos antes mesmo da inscrição na junta comercial. Portanto, segundo o relator, basta que o produtor rural comprove o exercício regular de atividade rural por período superior a 2 (dois) anos para que possa requerer a Recuperação Judicial, nos termos do art. 48 da Lei n. 11.101/2005.[45]

2.4 Os requisitos do empresário segundo o Código Civil de 2002

A definição de empresário é prevista, diretamente, no CC brasileiro, em seu art. 966:

> Art. 966. Considera-se **empresário quem exerce profissionalmente atividade econômica organizada para a produção ou a circulação de bens ou de serviços**.

---

[44] BRASIL. *Lei n. 10.406, de 10 de janeiro de 2002*. Institui o Código Civil. Brasília, DF, 2002. Disponível em: http://www.planalto.gov.br/ccivil_03/leis/2002/l10406compilada.htm. Acesso em: 21 jun. 2021.

[45] BRASIL. STJ. *Resp. n. 1.800.032/MT*. Disponível em: https://scon.stj.jus.br/SCON/GetInteiroTeorDoAcordao?num_registro=201900504985&dt_publicacao=10/02/2020. Acesso em: 25 ago. 2021.

> Parágrafo único. Não se considera empresário quem exerce profissão intelectual, de natureza científica, literária ou artística, ainda com o concurso de auxiliares ou colaboradores, salvo se o exercício da profissão constituir elemento de empresa. (grifos nossos)[46]

Ressalte-se que empresa é uma atividade e quem a realiza é o empresário. É o empresário que desenvolve de forma profissional a atividade econômica para a produção e circulação de bens e serviços, conforme prescreve expressamente o art. 966 do CC Brasileiro.[47]

Fernando Scaff caracteriza o empresário no mesmo sentido:

> Esta iniciativa de produção e geração de riqueza, realizada de forma profissional e consistente na colocação em exercício das potencialidades de bens adequadamente organizados entre si, traduz o ato de destinação daqueles mesmos bens, e que tem como agente responsável e sujeito característico o empresário.[48]

Em análise atenta do que expressa o art. 966, pode-se trazer à tona os requisitos necessários para alcançar a definição de empresário segundo o sistema adotado no Brasil: Profissionalidade, atividade econômica, organização e produção/circulação de bens ou serviços para o mercado.

A atividade econômica é aquela que cria riqueza a partir da produção de bens e serviços, tendo como finalidade o lucro. A expressão "econômica" está estritamente relacionada ao fato de a

---

[46] BRASIL. *Lei n. 10.406, de 10 de janeiro de 2002*. Institui o Código Civil. Brasília, DF, 2002. Disponível em: http://www.planalto.gov.br/ccivil_03/leis/2002/l10406compilada.htm. Acesso em: 21 jun. 2021.

[47] TOMAZETTE, Marlon. *Curso de direito empresarial:* Teoria geral e direito societário. 8. ed. São Paulo: Atlas, 2017, p. 79.

[48] SCAFF, Fernando Campos. *Aspectos fundamentais da empresa agrícola*. São Paulo: Malheiros, 1997, p. 93.

atividade desenvolvida apresentar um risco, de total responsabilidade do empresário – o que justificaria a retirada do lucro.[49]

Contudo, ressalte-se que apesar da atividade econômica (economicidade) pressupor necessariamente o lucro, nem todos aqueles que desenvolvem uma atividade econômica com escopo lucrativo são empresários. Contudo é unânime que todo empresário visa essencialmente o lucro ao desenvolver determinada iniciativa.[50]

O lucro pressupõe tanto o ganho quanto a redução de despesas, ou seja, qualquer outra vantagem patrimonial, o que remete a uma utilidade econômica.[51] Portanto, a atividade econômica é desenvolvida de modo suficiente para que não ocorra prejuízo, não que a atividade esteja blindada de ter resultados negativos, mas não é desenvolvida nesse sentido, e sim, para que, pelo menos, evite prejuízos.[52]

Para Fernando Scaff não é imprescindível que exista lucro para a configuração da empresa, basta que os bens produzidos no estabelecimento possuam atributos suficientes de valoração econômica e tenham sido alcançados por meio de uma relação organizada dos fatores de produção.[53]

O segundo ponto previsto pelo CC é a profissionalidade. A noção de profissionalidade é fundada, basicamente, na continuidade, ainda que tal termo não seja compreendido como uma

---

[49] TEIXEIRA, Tarcísio. A Organização da Empresa Rural e o seu Regime Jurídico. *Revista de Direito Empresarial*, v. 2, 2014, p. 03.

[50] SCALZILLI, João Pedro; TELLECHE, Rodrigo; SPINELLI, Luis Felipe. *Introdução ao Direito Empresarial*. Porto Alegre: Buqui, 2020, p. 190.

[51] SZTAJN, Rachel. *Teoria jurídica da empresa*. 2. ed. São Paulo: Atlas, 2010, p. 87.

[52] TOMAZETTE, Marlon. *Curso de direito empresarial:* Teoria geral e direito societário. 8. ed. São Paulo: Atlas, 2017, p. 80.

[53] SCAFF, Fernando Campos. *Aspectos fundamentais da empresa agrícola*. São Paulo: Malheiros, 1997, p. 56.

perpetuidade.[54] Isso significa que um ato praticado isoladamente, ainda que com intuito lucrativo, não tem o condão de caracterizar um sujeito como empresário, ou seja, o ato praticado solitariamente não faz de um sujeito empresário, mas sim, o somatório de atos praticados de forma inteligente, profissional, organizada e continuada, dentro de um contexto com intuito de satisfazer a necessidade de pessoas e empresas.[55]

Conclui-se assim que a atividade só é profissional se exercida de forma habitual. Quem pratica atividade de forma esporádica não está submetido ao regime empresarial, o que caracteriza um elemento diferenciador do ato profissional é a repetição de atos.[56]

Ademais, a atividade exercida de forma profissional não tem a necessidade de ser a ocupação exclusiva do empresário, e nem mesmo a ocupação principal, para que seja considerada profissional.[57]

Tarcísio Teixeira preceitua que a profissionalidade depende, necessariamente, de 3 (três) requisitos: a habitualidade – atuação continuada do empresário no negócio; a pessoalidade – o empresário está à frente do negócio, seja pessoalmente ou por meio de representantes contratados; e a especialidade – é o empresário que detém o conhecimento técnico referente ao negócio.[58]

No que pese os requisitos descritos, de acordo com Fábio Ulhôa, o que mais importa no conceito de profissionalismo é a

---

[54] SZTAJN, Rachel. *Teoria jurídica da empresa*. 2. ed. São Paulo: Atlas, 2010, p. 166.

[55] SCALZILLI, João Pedro; TELLECHE, Rodrigo; SPINELLI, Luis Felipe. *Introdução ao Direito Empresarial*. Porto Alegre: Buqui, 2020, p. 189.

[56] RAMOS, André Luiz Santa Cruz. *Direito empresarial:* volume único. 10. ed. Rio de Janeiro: Forense, 2020, p. 148.

[57] SCAFF, Fernando Campos. *Aspectos fundamentais da empresa agrícola*. São Paulo: Malheiros, 1997, p. 58.

[58] TEIXEIRA, Tarcísio. A Organização da Empresa Rural e o seu Regime Jurídico. *Revista de Direito Empresarial*, v. 2, 2014, p. 03.

noção de que é o empresário que detém o monopólio das informações sobre produto ou serviço desenvolvido pela sua empresa, ou seja, é ele quem conhece todas as informações referentes a uso, qualidade, insumos empregados e riscos. Sendo profissional, é seu dever avaliar todos esses aspectos dos produtos/serviços por ele fornecidos.[59]

Para a caracterização da empresa é imprescindível, também, a organização, afinal é o empresário que coordena os fatores de produção – capital, trabalho, recursos naturais e tecnologia – de forma racional para que determinado empreendimento seja capaz de produzir riqueza e gerar lucro.[60]

Essa organização de responsabilidade do empresário pode ser caracterizada, até mesmo, pela escolha das pessoas que vão colocar em ordem sistemática os fatores de produção. Ela é um requisito essencial para que se possa diferenciar quem é o empresário de fato e quem são os trabalhadores autônomos e a sociedade simples.[61]

Nessa toada, o que diferencia a sociedade simples da empresária é, basicamente, a existência – ou não – da organização de bens materiais/imateriais e de recursos humanos voltados para a produção de riqueza.[62]

A organização é um requisito essencial de distinção das várias espécies da mesma atividade, o que afeta diretamente a legislação aplicada. Ressalta-se que não se faz necessária uma

---

59 COELHO, Fábio Ulhoa. *Manual de direito comercial:* direito de empresa. 28. ed. São Paulo: Revista dos Tribunais, 2016, p. 15.

60 SCALZILLI, João Pedro; TELLECHE, Rodrigo; SPINELLI, Luis Felipe. *Introdução ao Direito Empresarial.* Porto Alegre: Buqui, 2020, p. 190.

61 TOMAZETTE, Marlon. *Curso de direito empresarial:* Teoria geral e direito societário. 8. ed. São Paulo: Atlas, 2017, p. 81.

62 MAMEDE, Gladston. *Direito societário:* sociedades simples e empresárias. 10. ed. São Paulo: Atlas, 2018, p. 25.

tecnificação ou racionalização extrema dos procedimentos para que seja atendido o requisito da organização. A tecnologia pode ser rudimentar, desde que exista uma margem mínima de organização. Ademais, a organização pode ser enxergada sob duas óticas, a primeira, dos bens materiais que compõem a empresa e a segunda, das pessoas que desenvolvem as atividades de produção.[63]

Segundo Fábio Ulhôa Coelho, não seria empresário quem explora atividade de produção/circulação de bens ou serviços sem a organização de capital, mão de obra, insumos e tecnologia, tendo em vista que, quem não organiza, por exemplo, a força de trabalho – sem a contratação de um colaborador – não pode ser considerado empresário.[64]

André Santa Cruz, contudo, faz uma crítica a tal afirmação. Segundo o Empresarialista, a ideia fechada de organização dos fatores de produção, perde cada vez mais força no atual contexto da economia, tendo-se em vista que diversos empresários – como microempresários e empresários virtuais – desenvolvem atividade empresarial utilizando-se tão somente, da própria força de trabalho, não sendo, portanto, imprescindível a organização da força de trabalho para a caracterização do conceito de empresário.[65]

O *caput* do art. 966 do CC remete a um último requisito: "produção ou a circulação de bens e serviços". Segundo João Pedro Scalzilli, para melhor compreensão desse requisito, ele deve ser decomposto, sendo que a produção de bens se refere diretamente à indústria, a produção de serviços à prestação de serviços e a circulação de bens e de serviços consistem na atividade comercial. Nesse

---

[63] SCAFF, Fernando Campos. *Aspectos fundamentais da empresa agrícola*. São Paulo: Malheiros, 1997, p. 54.

[64] COELHO, Fábio Ulhoa. *Manual de direito comercial:* direito de empresa. 28. ed. São Paulo: Revista dos Tribunais, 2016, p. 16-17.

[65] RAMOS, André Luiz Santa Cruz. *Direito empresarial:* volume único. 10. ed. Rio de Janeiro: Forense, 2020, p. 149-150.

contexto, para ser empresária a atividade deve ser industrial, comercial ou prestação de serviços – desde que não intelectual.[66]

A atividade desenvolvida deve ser dirigida a determinadas finalidades, não podendo, por exemplo, ser para o uso pessoal, afinal, caso fosse, não estaria imersa na lógica de mercado. A destinação dos produtos/serviços ao mercado é exatamente um dos elementos que distinguem a atividade do empresário de outros sujeitos que exercem atividade econômica.[67]

No caso do produtor rural, não se pode considerar como empresário aquele que apenas produz para a sua subsistência, contudo, aquele que faz o cultivo de lavoura com o intuito de comercializar seus produtos com terceiros é caracterizado como empresário, afinal, a sua atividade está direcionada para o mercado e não para o suprimento das próprias necessidades.[68]

Nesse ínterim, se levado a literalidade o art. 966 do CC, não restam dúvidas sobre a afirmação de que a pessoa – independentemente de ser física ou jurídica – que se dedique a atividade agrária, desenvolve uma atividade econômica organizada para a circulação de bens ou serviços, o que caracteriza o produtor enquanto empresário rural.[69]

2.5 A empresa agrária

Há de se conceber que alguns juristas não admitem que a atividade agrícola possa ser considerada uma empresa, entretanto,

---

[66] SCALZILLI, João Pedro; TELLECHE, Rodrigo; SPINELLI, Luis Felipe. *Introdução ao Direito Empresarial.* Porto Alegre: Buqui, 2020, p. 194.

[67] RAMOS, André Luiz Santa Cruz. *Direito empresarial:* volume único. 10. ed. Rio de Janeiro: Forense, 2020, p. 150.

[68] TOMAZETTE, Marlon. *Curso de direito empresarial:* Teoria geral e direito societário. 8. ed. São Paulo: Atlas, 2017, p. 82-83.

[69] PIMENTA, Eduardo Goulart. *Direito, Economia e Recuperação de empresas.* Porto Alegre: FI, 2019, p. 52.

a modernização da agricultura no Brasil, assim como o aumento do rendimento advindo da atividade transformou a exploração agrícola voltada para a economia de mercado em uma verdadeira empresa. A tendência atual é a existência de fazendas geridas por executivos e que utilizam um alto nível de tecnificação ajustada às últimas tendências de produção, o que, consequentemente, implica em uma profissionalização do produtor rural que se torna, de fato, um empresário – inclusive pelas exigências trabalhistas e fiscais atuais.[70]

Para a identificação de uma empresa é necessário, inicialmente, que se determine qual a sua atividade, a partir do empresário, pois, é através da destinação atribuída ao sujeito que se possibilita o desenvolvimento de atividades de conteúdo econômico. No caso da empresa agrária, são aquelas dirigidas para criação de animais e/ou cultivo de vegetais.[71]

Ou seja, é a agrariedade, como elemento especial da atividade agrária, enquanto atividade principal (como a criação de animais e plantio de vegetais) ou uma atividade conexa (como a compra e venda de produtos agrários) que qualifica se, determinada empresa, é ou não agrária. Nesse ínterim, persiste, também, na empresa agrária – assim como para todas as outras empresas – os requisitos estabelecidos pelo art. 966 do CC: organicidade, profissionalismo e economicidade.[72]

Ressalte-se que a atividade agrária consiste em uma atuação antrópica com o intuito de fazer produzir da natureza orgânica

---

70 TRENTINI, Flavia; SARAIVA, Luciana de Andrade. Aspectos gerais da empresa rural e atividades conexas. *Revista de direito privado*, v. 5, p. 113-133, jan./mar. 2001.

71 SCAFF, Fernando Campos. *Aspectos fundamentais da empresa agrícola*. São Paulo: Malheiros, 1997, p. 44.

72 BUENO, Francisco da Godoy. Contratos Agrários: entre empresa agrária e empresa rural no Direito Positivo Brasileiro. *Revista de Direito Civil Contemporâneo*, v. 2, p. 157-176, 2015, p. 3-4.

com o intuito de obter seus frutos. Nessa perspectiva remete-se ao ciclo agrobiológico enquanto parte da definição da empresa rural/agrária, afinal, além de delimitar a atividade, também remete à duração das atividades agrícolas desenvolvidas.[73]

Como se verificou, o CC brasileiro conferiu tratamento diferenciado ao que exerce a empresa agrária. Na prática, por expressa previsão legal, a submissão ou não ao regime empresarial é facultativa, como se depreende expressamente do art. 971 do CC.[74]

Nesse sentido alerta Marlon Tomazette que os empresários rurais possuem atividades organizadas voltadas para o mercado, sendo, todavia, possuidores de um regime diverso no direito brasileiro. Portanto, os empresários rurais pessoas físicas que dependam da atividade rural podem – por sua faculdade – se sujeitar ao regime empresarial ou não. Diante disso, o empresário rural que que opta por fazer o seu registro na Junta Comercial, estará sujeito ao regime empresarial, podendo usufruir de seus benefícios, sendo excluído do regime civil.[75]

Já fora demonstrado em tópico pretérito do presente trabalho a acepção funcional e conceitual de empresa, demonstrando se tratar de categoria jurídica própria. Nesse ínterim, partindo desse conceito jurídico de empresa assinalado – único e aplicável a

---

[73] TRENTINI, Flavia. O novo conceito de Empresa. *Revista dos Tribunais*, v. 92, n. 813, p. 11-25, jul. 2003, p. 15.

[74] Art. 971. O empresário, cuja atividade rural constitua sua principal profissão, pode, observadas as formalidades de que tratam o art. 968 e seus parágrafos, requerer inscrição no Registro Público de Empresas Mercantis da respectiva sede, caso em que, depois de inscrito, ficará equiparado, para todos os efeitos, ao empresário sujeito a registro. (BRASIL. *Lei n. 10.406, de 10 de janeiro de 2002.* Institui o Código Civil. Brasília, DF, 2002. Disponível em: http://www.planalto.gov.br/ccivil_03/leis/2002/l10406compilada.htm. Acesso em: 21 jun. 2021).

[75] TOMAZETTE, Marlon. *Curso de direito empresarial:* Teoria geral e direito societário. 8. ed. São Paulo: Atlas, 2017, p. 104.

todas as empresas – que se chega ao conceito jurídico de empresa agrária.

O empreendimento pode ser compreendido como a atividade destinada a explorar de forma econômica e racional (requisitos cumulativos) o prédio rústico, ou seja, a exploração da atividade agrária, seja ela pecuária, agrícola, extrativista ou agroindustrial. Nesse ínterim, a exploração de forma organizada com finalidade agrária constitui, expressamente, a atividade da empresa rural, podendo ela ser explorada de forma individual ou em sociedade – pessoa física ou jurídica.[76]

No caso da empresa agrária, a atividade desenvolvida terá um cunho fundamentalmente econômico, com a produção de bens destinados ao mercado ou ao consumo e, portanto, estão presentes as atividades destinadas à produção de vegetais e animais na condição de atividades agrárias, podendo, também, ocorrer algumas atividades derivadas, como a transformação e posterior alienação do produto.[77]

Fábio Maria de Mattia akerta:

> Admitida a noção de empresário centrada na atividade econômica exercida, profissionalmente, com o escopo de produção ou troca de bens ou de serviços, considerado o interesse da empresa revelado através de dois tipos – a empresa agrária e a empresa comercial em sentido lato – o aparecimento de outros esquemas não qualificáveis como integrando os dois tipos referidos, mas, caracterizadas mais propriamente como pessoas jurídicas denominadas civis, a empresa agrária destas se distinguiria tão-somente pelo objeto e não pela estrutura, o que lhe negaria qualquer autonomia classificando-a como uma subespécie de uma categoria mais ampla de empresa civil.[78]

---

76 OPITZ, Silvia C. B. *Curso completo de direito agrário*. 11. ed. São Paulo: Saraiva, 2017, p. 87.

77 SCAFF, Fernando Campos. *Aspectos fundamentais da empresa agrícola*. São Paulo: Malheiros, 1997, p. 77.

78 DE-MATTIA, Fábio Maria. Empresa Agrária e Estabelecimento Agrário. *Revista da Faculdade de Direito*, Universidade de São Paulo, v. 90, 1995, p. 01.

Fernando Scaff delimita de maneira expressa o conceito de empresa agrária, albergando ainda os requisitos da empresa esboçados pelo CC, como sendo: "a atividade organizada profissionalmente em um estabelecimento adequado ao cultivo de vegetais ou criação de animais, desenvolvida com o objetivo de produção de bens para o consumo."[79]

Cabe aqui um alerta, a expressa diferença da empresa agrária e da empresa rural, conceituada no art. 4º inc. VI do Estatuto da Terra:

> [...] VI – "Empresa Rural" é o empreendimento de pessoa física ou jurídica, pública ou privada, que explore econômica e racionalmente imóvel rural, dentro de condição de rendimento econômico ...Vetado... da região em que se situe e que explore área mínima agricultável do imóvel segundo padrões fixados, pública e previamente, pelo Poder Executivo. Para esse fim, equiparam-se às áreas cultivadas, as pastagens, as matas naturais e artificiais e as áreas ocupadas com benfeitorias.[80]

Do dispositivo elencado retira-se que o conceito de empresa rural ocorre conforme a dimensão (fixada por lei) e a rentabilidade (conforme requisitos legais), devendo, ainda, expressar níveis de eficiência na exploração indexados por um órgão federal – o que obedece muito mais um critério político que, propriamente, técnico e apurado no direito.[81]

---

79 SCAFF, Fernando Campos. *Aspectos fundamentais da empresa agrícola*. São Paulo: Malheiros, 1997, p. 46.

80 BRASIL. *Lei n. 4.504, de 30 de novembro de 1964*. Dispõe sobre o Estatuto da Terra, e dá outras providências. Brasília, DF, 1964. Disponível em: http://www.planalto.gov.br/ccivil_03/leis/l4504.htm. Acesso em: 21 jun. 2021.

81 TRENTINI, Flavia; SARAIVA, Luciana de Andrade. Aspectos gerais da empresa rural e atividades conexas. *Revista de direito privado*, v. 5, p. 113-133, jan./mar. 2001, p. 5.

Em seu art. 46, § 1°, alínea "b", o Estatuto da Terra dispõe sobre o limite máximo de áreas dos imóveis rurais, que não excederão a seiscentas vezes o módulo rural. Esse limite fundiário é utilizado também para definição legal do Latifúndio, nos termos do art. 4°, inc. V do Estatuto da Terra. O mesmo diploma legal define ainda em seu inc. IV o minifúndio, como aquele imóvel rural de área inferior ao módulo rural.[82]

Como se viu, um dos critérios levados em conta pelo legislador foi o fundiário, sendo que, para que o imóvel seja considerado uma empresa rural, não pode ser superior a 600 (seiscentas) vezes o módulo rural da região. Portanto, ainda que o imóvel desenvolva atividades agrárias de maneira racional, pelo simples fato de a área superar o máximo legal fixado, não poderá conceber uma empresa rural.[83]

Vale lembrar que, conforme o parágrafo único do art. 4° do Estatuto da Terra, ainda que o imóvel possua mais de 600 (seiscentos) módulos rurais, em se tratando de atividade de exploração florestal racional, não será considerado latifúndio para efeitos legais.[84]

---

82 BRASIL. *Lei n. 4.504, de 30 de novembro de 1964.* Dispõe sobre o Estatuto da Terra, e dá outras providências. Brasília, DF, 1964. Disponível em: http://www.planalto.gov.br/ccivil_03/leis/l4504.htm. Acesso em: 21 jun. 2021.

83 SCAFF, Fernando Campos. *Aspectos fundamentais da empresa agrícola.* São Paulo: Malheiros, 1997, p. 72.

84 Art. 4° Para os efeitos desta Lei, definem-se:

[...] Parágrafo único. Não se considera latifúndio:

a) o imóvel rural, qualquer que seja a sua dimensão, cujas características recomendem, sob o ponto de vista técnico e econômico, a exploração florestal racionalmente realizada, mediante planejamento adequado; (BRASIL. *Lei n. 4.504, de 30 de novembro de 1964.* Dispõe sobre o Estatuto da Terra, e dá outras providências. Brasília, DF, 1964. Disponível em: http://www.planalto.gov.br/ccivil_03/leis/l4504.htm. Acesso em: 21 jun. 2021).

Ou seja, segundo inc. VI do art. 4º do Estatuto da Terra, a concepção conceitual da empresa rural está diretamente vinculada a propriedade fundiária e submisso aos parâmetros de sua função social, como se denota do art. 44 do Decreto n. 72.106/73[85] e art. 50, § 7.º, da Lei n. 4.504/64.[86]

A finalidade do legislador, segundo Flávia Trentini, foi louvável, na medida em que tentou, a partir dos limites mínimos e máximos da empresa rural, retirar do ordenamento brasileiro o minifúndio e o latifúndio, contudo, pecou pelos meios utilizados.[87]

Salienta Francisco de Godoy Bueno que o elemento essencial da "empresa rural" esboçado pelo Estatuto da Terra é a destinação principal da utilização do imóvel rural, que deve atender, expressamente, os requisitos mínimos estatais, não se relacionando, em nenhum momento, a atividade agrária em si, ou ao elementos essenciais da empresa[88] que, de acordo com Flávia Trentini,

---

85 Art. 44. O imóvel rural será classificado como "empresa rural", na forma do disposto no artigo 4º, item VI, e artigo 50, § 7º, da Lei número 4.504, de 30 de novembro de 1964, desde que sua exploração satisfaça as seguintes exigências:

I – Que a área utilizada nas várias explorações represente percentagem superior a 70% (setenta por cento) de sua área agricultável, equiparando-se, para esse fim, às áreas cultivadas as pastagens, as matas naturais e artificiais e as áreas ocupadas com benfeitorias;

II – Que obtenha coeficiente de condições sociais e de produtividade igual ou inferior a 1 (hum). (BRASIL. *Lei n. 4.504, de 30 de novembro de 1964*. Dispõe sobre o Estatuto da Terra, e dá outras providências. Brasília, DF, 1964. Disponível em: http://www.planalto.gov.br/ccivil_03/leis/l4504.htm. Acesso em: 21 jun. 2021).

86 DE-MATTIA, Fábio Maria. Empresa Agrária e Estabelecimento Agrário. *Revista da Faculdade de Direito*, Universidade de São Paulo, v. 90, 1995, p. 10.

87 TRENTINI, Flavia; SARAIVA, Luciana de Andrade. Aspectos gerais da empresa rural e atividades conexas. *Revista de direito privado*, v. 5, p. 113-133, jan./mar. 2001, p. 5.

88 BUENO, Francisco da Godoy. Contratos Agrários: entre empresa agrária e empresa rural no Direito Positivo Brasileiro. *Revista de Direito Civil Contemporâneo*, v. 2, p. 157-176, 2015, p. 4.

são a funcionalidade e a utilização econômica da terra, que pressupõem produtividade.[89]

Portanto, a empresa agrária tem acepção conceitual diferente da empresa rural, enquanto a primeira tem um prisma eminentemente baseado na atividade agrária e os requisitos da empresa, a segunda prima pela destinação principal da utilização do imóvel rural.

Para tanto, no presente trabalho utilizar-se-á o conceito de empresa agrária trazido por Fernando Scaff, definida como "a atividade organizada profissionalmente em um estabelecimento adequado ao cultivo de vegetais ou criação de animais, desenvolvida com o objetivo de produção de bens para o consumo."[90]

---

[89] TRENTINI, Flavia; SARAIVA, Luciana de Andrade. Aspectos gerais da empresa rural e atividades conexas. *Revista de direito privado*, v. 5, p. 113-133, jan./mar. 2001, p. 5.

[90] SCAFF, Fernando Campos. *Aspectos fundamentais da empresa agrícola*. São Paulo: Malheiros, 1997, p. 46.

3

DA SOCIEDADE DE PRODUTORES RURAIS PESSOA FÍSICA

O desenvolvimento da atividade rural no Brasil tem diversas peculiaridades legislativas, como fora demonstrado durante toda a presente obra, seja pela opção de registro que pode ser exercida pelo produtor rural ou, até mesmo, pela definição do que seria a atividade rural/agrária, dentre outros pontos.

O modelo associativo dos produtores rurais, objeto do estudo em questão, não é diferente. Em virtude de características específicas, há uma expressa flexibilidade prevista no texto legal, como será verificado no presente capítulo. Destaque-se que não existe jurisprudência ou doutrina específica tratando do tema no Brasil, o que demonstra ainda mais a importância da pesquisa em voga.

3.1 Do condomínio de produtores rurais

O Código Civil define expressamente a menção de que o empresário rural terá tratamento diferenciado e simplificado quanto ao registro e aos efeitos dele decorrentes em seu artigo 970, nos seguintes temos: "Art. 970. A lei assegurará tratamento favorecido, diferenciado e simplificado ao empresário rural e ao pequeno empresário, quanto à inscrição e aos efeitos daí decorrentes."[91]

Importante destacar que o texto legal optou por não vincular o tratamento diferenciado e simplificado ao porte do empresário rural, bastando ser caracterizado como tal. Um exemplo de tratamento diferenciado é esboçado pelo Estatuto da Terra em seu art. 14:

> **Art. 14. O Poder Público facilitará e prestigiará a criação e a expansão de associações de pessoas físicas e jurídicas que tenham por finalidade o racional desenvolvimento extrativo agrícola, pecuário ou agroindustrial, e promoverá a ampliação do sistema cooperativo, bem como de outras modalidades associativas e societárias que objetivem a democratização do capital.** (Redação dada Medida Provisória n. 2.183-56, 2001)
>
> § 1º Para a implementação dos objetivos referidos neste artigo, os agricultores e trabalhadores rurais **poderão constituir entidades societárias por cotas, em forma consorcial ou condominial**, com a denominação de "consórcio" ou "condomínio", nos termos dos arts. 3º e 6º desta Lei. (Incluído pela Medida Provisória n. 2.183-56, de 2001)
>
> § 2º Os atos constitutivos dessas sociedades deverão ser arquivados na Junta Comercial, quando elas praticarem atos de comércio, e no Cartório de Registro das Pessoas Jurídicas, quando não envolver essa atividade.[92] (grifos nossos)

Há previsão expressa de formatação de sociedades que devem ser, na letra da lei, "prestigiadas" e "facilitadas" para o desenvolvimento de atividade rural racional, a partir de entidades societárias por cotas que objetivem a democratização do capital no formato de condomínios ou consórcios.

---

[91] BRASIL. *Lei n. 10.406, de 10 de janeiro de 2002.* Institui o Código Civil. Brasília, DF, 2002. Disponível em: http://www.planalto.gov.br/ccivil_03/leis/2002/l10406compilada.htm. Acesso em: 27 set. 2021.

[92] BRASIL. *Lei n. 4.504, de 30 de novembro de 1964.* Dispõe sobre o Estatuto da Terra, e dá outras providências. Brasília, DF, 1964. Disponível em: http://www.planalto.gov.br/ccivil_03/leis/l4504.htm. Acesso em: 27 set. 2021.

Por outro lado, o texto legal advindo da Medida Provisória n. 2.183-56 de 2001,[93] já alberga as associações de pessoas físicas e jurídicas, com devida adequação a visão do Código Civil de 2002 que ainda não estava em vigor, mas buscava a simplificação da atividade rural pelos produtores rurais.

Todavia, o Estatuto da Terra em si, não definiu expressamente qual seria essa forma "consorcial ou condominial". Sob uma ótica civilista, o condomínio é uma comunhão de interesses no que concerne aos direitos reais, em que ocorre a copropriedade de uma titularidade dominical.[94]

Caio Mario da Silva Pereira, no mesmo sentido, afirma que "dá-se condomínio, quando a mesma coisa pertence a mais de uma pessoa, cabendo a cada uma delas igual direito, idealmente, sobre o todo e cada uma de suas partes".[95] Ou seja, em um condomínio, vários são os sujeitos ativos em relação a um único direito de propriedade, o que autoriza a utilização de termos como copropriedade e compropriedade.[96]

Lado outro, o Decreto n. 3.993 de 2001, que busca regulamentar o Programa de Arrendamento Rural para a Agricultura Familiar,

---

[93] BRASIL. *Medida Provisória n. 2.183-56, de 24 de agosto de 2001.* Acresce e altera dispositivos do Decreto-Lei n. 3.365, de 21 de junho de 1941, das Leis ns. 4.504, de 30 de novembro de 1964, 8.177, de 1° de março de 1991, e 8.629, de 25 de fevereiro de 1993, e dá outras providências. Disponível em: http://www.planalto.gov.br/ccivil_03/mpv/2183-56.htm. Acesso em: 14 out. 2021.

[94] MONTEIRO FILHO, Carlos Edison do Rêgo; RENTERIA, Pablo (coautor). *Fundamentos do direito civil.* direitos reais. 2. ed. rev., atual., ampl. Rio de Janeiro: Forense, 2021, v. 5. E-book. (1 recurso online). ISBN 9788530992545. Disponível em: https://integrada.minhabiblioteca.com.br/books/9788530992545. Acesso em: 28 set. 2021.

[95] PEREIRA, Caio Mário da Silva. *Instituições de direito civil.* 25. ed. Rio de Janeiro: Forense, 2017, v. 4, p. 174.

[96] TARTUCE, Flávio. *Manual de direito civil.* 10 ed. rev, atual. Rio de Janeiro: Método, 2020, volume único, p. 1511. Disponível em: https://integrada.minhabiblioteca.com.br/books/9788530989040. Acesso em: 28 set. 2021.

define o que seria o condomínio, sob o âmbito da Agricultura Familiar da seguinte forma:

> I – condomínio: **agrupamento de pessoas físicas** ou jurídicas **constituído em sociedade por cotas, mediante fundo patrimonial pré-existente**, com o objetivo de produzir bens, comprar e vender, prestar serviços, que envolvam atividades agropecuárias, extrativistas vegetal, silviculturais, artesanais, pesqueiras e agroindústrias, cuja duração é por tempo indeterminado;[97] (grifos nossos)

De antemão verifica-se que o condomínio aqui tratado tem a finalidade intrínseca de produzir, comprar, vender e prestar serviços envolvendo exclusivamente atividades vinculadas ao meio rural e artesanais, tanto por pessoas físicas, como jurídicas, remetendo a atividade de empresa.

Expressão que merece destaque é "agrupamento de pessoas físicas em sociedade por cotas", o que demonstra, de fato, a comunhão de interesses e esforços de produtores rurais pessoa física para o desenvolvimento da atividade, que pode ser tão somente de comprar ou vender bens, assim como prestar serviços que envolvam atividades agrárias.

A IN da Receita Federal do Brasil n. 83/2001, por outro lado, também prevê:

> Art. 14. Os arrendatários, **os condôminos**, os conviventes, no caso de união estável, e os parceiros, na exploração da atividade rural, devem **apurar o resultado, separadamente, na proporção dos rendimentos e despesas que couberem a cada um, devendo essa condição ser comprovada documentalmente.**[98] (grifos nossos)

---

[97] BRASIL. *Decreto n. 3.993, de 30 de outubro de 2001*. Regulamenta o art. 95-A da Lei n. 4.504, de 30 de novembro de 1964, que institui o Programa de Arrendamento Rural para a Agricultura Familiar, e dá outras providências. Disponível em: http://www.planalto.gov.br/ccivil_03/decreto/2001/D3993.htm. Acesso em: 27 set. 2021.

[98] BRASIL. *Instrução Normativa RFB n. 83, de 16 de outubro de 2001*. Dispõe sobre a tributação dos resultados da atividade rural das pessoas físicas.

No mesmo sentido da instrução tem-se o art. 13 da Lei n. 8.023/1990[99] e o art. 59 do Decreto n. 3.000/1999[100] em que, sob uma acepção da legislação tributária, ocorre o afastamento do conceito de condomínio civilista e, consequentemente, uma aproximação do instituto das sociedades.

Sob uma ótica empresarial, salienta Eduardo Pimenta que os empresários coletivos nada mais são que diversos tipos de sociedades empresárias que, a partir do agrupamento de duas ou mais pessoas, com o intuito de exercer a empresa, assumem o risco da atividade.[101]

Contudo, no condomínio esboçado com complemento da legislação tributária, ocorre a segregação dos entes do condomínio para apuração do resultado, como se verifica por menção expressa do art. 13 da Lei n. 8.023 de 1990:

> Art. 13. Os arrendatários, os condôminos e os parceiros na exploração da atividade rural, comprovada a situação

---

Disponível em: http://normas.receita.fazenda.gov.br/sijut2consulta/link.action?visao=anotado&idAto=14387. Acesso em: 29 set. 2021.

[99] Art. 13. Os arrendatários, os condôminos e os parceiros na exploração da atividade rural, comprovada a situação documentalmente, pagarão o imposto de conformidade com o disposto nesta lei, separadamente, na proporção dos rendimentos que couber a cada um. (BRASIL. *Lei n. 8.023, de 12 de abril de 1990.* Altera a legislação do Imposto de Renda sobre o resultado da atividade rural, e dá outras providências. Brasília, DF, 1990. Disponível em: http://www.planalto.gov.br/ccivil_03/leis/l8023.htm. Acesso em: 21 jun. 2021).

[100] Art. 59. Os arrendatários, os condôminos e os parceiros na exploração da atividade rural, comprovada a situação a, pagarão o imposto, separadamente, na proporção dos rendimentos que couberem a cada um. (BRASIL. *Decreto n. 3.000, de 26 de março de 1999.* Regulamenta a tributação, fiscalização, arrecadação e administração do Imposto sobre a Renda e Proventos de Qualquer Natureza. Disponível em: http://www.planalto.gov.br/ccivil_03/decreto/d3000.htm. Acesso em: 14 out. 2021).

[101] PIMENTA, Eduardo Goulart. *Direito, Economia e Recuperação de empresas.* Porto Alegre: FI, 2019, p. 54.

> documentalmente, **pagarão o imposto de conformidade com o disposto nesta lei, separadamente, na proporção dos rendimentos que couber a cada um.**[102] (grifos nossos)

Sob tal prisma, há expressa exclusão da existência de personalidade jurídica no condomínio, afinal a apuração de rendimentos ocorre de forma apartada dentre cada um dos membros do condomínio e não de uma Pessoa Jurídica como um todo, como habitualmente ocorreria nas "sociedades por cotas" tradicionais.

Reitera-se que há menção expressa do termo "sociedade por cotas" no próprio § 1° do art. 14 do Estatuto da Terra,[103] ou seja, o condomínio mencionado não diz respeito, propriamente, ao exercício do domínio em relação a um bem em comum, mas sim a uma sociedade em que ocorrerá a apuração em separado dos rendimentos de cada um dos sócios/condôminos exercentes da atividade rural.

Outro ponto que deve ser levado em consideração é o de que o condomínio, segundo expressão do Decreto n. 3.993/2001 carece de um fundo patrimonial pré-existente, que resta definido no § 2° do art. 2° do retromencionado Decreto, veja-se: "§ 2° O fundo patrimonial do condomínio agrário de que trata o inciso I do § 1° poderá ser integralizado com bens móveis, imóveis ou moeda corrente, como dispuser o seu estatuto".[104]

---

[102] BRASIL. *Lei 8.023 de 12 de abril de 1990*. Altera a legislação do Imposto de Renda sobre o resultado da atividade rural, e dá outras providências. Disponível em: http://www.planalto.gov.br/ccivil_03/leis/l8023.htm. Acesso em: 30 set. 2021.

[103] § 1° Para a implementação dos objetivos referidos neste artigo, os agricultores e trabalhadores rurais *poderão constituir entidades societárias por cotas, em forma consorcial ou condominial*, com a denominação de "consórcio" ou "condomínio", nos termos dos arts. 3° e 6° desta Lei. (Incluído pela Medida Provisória n. 2.183-56, de 2001).

[104] BRASIL. *Decreto n. 3.993, de 30 de outubro de 2001*. Regulamenta o art. 95-A da Lei n. 4.504, de 30 de novembro de 1964, que institui o Programa de Arrendamento Rural para a Agricultura Familiar, e dá outras providências. Disponível em: http://www.planalto.gov.br/ccivil_03/decreto/2001/D3993.htm. Acesso em: 27 set. 2021.

Para a constituição do condomínio faz-se imprescindível a integralização de bens, de qualquer natureza, móveis, imóveis ou, até mesmo, em moeda corrente, segundo a definição estatutária das partes. Novamente, verifica-se uma aproximação da seara societária quanto à terminologia utilizada – "integralizar" – que remete aos termos assinalados em outros dispositivos no "Livro II Do Direito da Empresa", como o art. 980-A,[105] o art. 1.052[106] e art. 1.058,[107] dentre outros, todos do Código Civil, todas sociedades formatas por quotas. Portanto, há um eminente distanciamento do aspecto cível do condomínio e aproximação da seara societária.

Lado outro, há menção expressa do que seria o consórcio de produtores rurais, como:

> II – consórcio: **agrupamento de pessoas físicas ou jurídicas constituído em sociedade por cotas**, com o objetivo de produzir, prestar serviços, comprar e vender,

---

105 Art. 980-A. A empresa individual de responsabilidade limitada será constituída por uma única pessoa titular da totalidade do capital social, devidamente integralizado, que não será inferior a 100 (cem) vezes o maior salário-mínimo vigente no País. (BRASIL. *Lei n. 10.406, de 10 de janeiro de 2002.* Institui o Código Civil. Brasília, DF, 2002. Disponível em: http://www.planalto.gov.br/ccivil_03/leis/2002/l10406compilada.htm. Acesso em: 21 jun. 2021).

106 Art. 1.052. Na sociedade limitada, a responsabilidade de cada sócio é restrita ao valor de suas quotas, mas todos respondem solidariamente pela integralização do capital social. (BRASIL. *Lei n. 10.406, de 10 de janeiro de 2002.* Institui o Código Civil. Brasília, DF, 2002. Disponível em: http://www.planalto.gov.br/ccivil_03/leis/2002/l10406compilada.htm. Acesso em: 21 jun. 2021).

107 Art. 1.058. Não integralizada a quota de sócio remisso, os outros sócios podem, sem prejuízo do disposto no art. 1.004 e seu parágrafo único, tomá-la para si ou transferi-la a terceiros, excluindo o primitivo titular e devolvendo-lhe o que houver pago, deduzidos os juros da mora, as prestações estabelecidas no contrato mais as despesas. (BRASIL. *Lei n. 10.406, de 10 de janeiro de 2002.* Institui o Código Civil. Brasília, DF, 2002. Disponível em: http://www.planalto.gov.br/ccivil_03/leis/2002/l10406compilada.htm. Acesso em: 21 jun. 2021).

> quando envolver atividades agropecuárias, extrativistas vegetal, silviculturais, artesanais, pesqueiras e agroindústrias, **cuja duração é por tempo indeterminado**;[108] (grifos nossos)

O ponto de diferenciação trazido pela legislação entre consórcio e condomínio é, basicamente, a existência do fundo patrimonial no condomínio e a inexistência no consórcio de produtores rurais, sendo as demais características idênticas.

Contudo, há uma expressa diferença conceitual abarcando o direito empresarial, no qual o consórcio de empresas é uma forma contratual de parceria, prevista legalmente e despersonificada, sendo que os signatários têm a opção de dispor sobre eventuais responsabilidades advindas (débitos) do empreendimento realizado em comum.[109]

Gladston Mamede afirma que o consórcio, em síntese, é a união de esforços por companhias e sociedades para executar determinado projeto/empreendimento, mas salienta que o consórcio em si não tem personalidade jurídica, responsabilizando-se somente pelas condições contratualmente estabelecidas, sem a presunção de responsabilidade entre elas.[110]

A inexistência de personalidade jurídica é ressaltada pelos doutrinadores e tem previsão expressa na legislação:

> Art. 278. As companhias e quaisquer outras sociedades, sob o mesmo controle ou não, podem constituir consórcio para executar determinado empreendimento, observado o disposto neste Capítulo.

---

[108] BRASIL. *Decreto n. 3.993, de 30 de outubro de 2001*. Regulamenta o art. 95-A da Lei n. 4.504, de 30 de novembro de 1964, que institui o Programa de Arrendamento Rural para a Agricultura Familiar, e dá outras providências. Disponível em: http://www.planalto.gov.br/ccivil_03/decreto/2001/D3993.htm. Acesso em: 30 set. 2021.

[109] PIMENTA, Eduardo Goulart. *Direito societário*. Porto Alegre: Editora Fi, 2017, p. 607.

[110] MAMEDE, Gladston. *Direito societário:* sociedades simples e empresárias. 10. ed. São Paulo: Atlas, 2018, p. 374-375.

> § 1º O consórcio não tem personalidade jurídica e as consorciadas somente se obrigam nas condições previstas no respectivo contrato, respondendo cada uma por suas obrigações, sem presunção de solidariedade.[111]

Ressalta Gladston Mamede que não é ilícito promover a personificação jurídica para o desenvolvimento da atividade. Entretanto, com a promoção da personificação, deixa-se de ter a reunião de entes para agir juntos para a consecução de determinado objetivo, com a alteração da natureza jurídica de reunião (unificação) para atuação conjunta, ausente assim a configuração de um consórcio, constituindo-se uma sociedade.[112]

O apontamento de Gladston Mamede resta pertinente na análise do dispositivo elencado, visto que, há uma contradição entre os institutos apresentados pela definição de consórcio trazida pelo Decreto 3.993, que apresenta que o consórcio seria um agrupamento de pessoas físicas ou jurídicas formatado em uma sociedade por cotas. Tal definição retira, expressamente, a interpretação empresarial trazida pela Lei n. 6.404/1976, na medida em que equipara o consórcio a uma sociedade por quotas.

Por derradeiro, no intuito de não deixar quaisquer dúvidas quanto a natureza jurídica do instituto, o § 3º do art. 2º do Decreto n. 3.993 de 2001 discrimina expressamente: "§ 3º O estatuto social do consórcio ou condomínio estabelecerá a forma de adesão, de remuneração e de distribuição dos resultados."[113]

---

111 BRASIL. *Lei n. 6.404, de 15 de dezembro de 1976.* Dispõe sobre as Sociedades por Ações. Disponível em: http://www.planalto.gov.br/ccivil_03/leis/l6404consol.htm. Acesso em: 30 set. 2021.

112 MAMEDE, Gladston. *Direito societário:* sociedades simples e empresárias. 10. ed. São Paulo: Atlas, 2018, p. 374-375.

113 BRASIL. *Decreto n. 3.993, de 30 de outubro de 2001.* Regulamenta o art. 95-A da Lei n. 4.504, de 30 de novembro de 1964, que institui o Programa de Arrendamento Rural para a Agricultura Familiar, e dá outras providências. Disponível em: http://www.planalto.gov.br/ccivil_03/decreto/2001/D3993.htm. Acesso em: 27 set. 2021.

Ou seja, no que pese a utilização dos termos "condomínio" e "consórcio", o que se observa, na prática, é a atribuição de uma perspectiva societária ao instituto de maneira evidente.

3.2 Da aplicação dos institutos do Decreto n. 3.993 de 2001 aos produtores rurais que atuam em sociedades de pessoa física e não se enquadram ao regime da Agricultura Familiar: Pesquisa Empírica com Produtores Rurais de Alho de Minas Gerais

O Decreto n. 3.993 de 30 de outubro de 2001 regula expressamente o Programa de Arrendamento a Agricultura Familiar segundo o próprio preâmbulo,[114] ademais há um direcionamento específico a quem se presta o Programa de Arrendamento em questão no art. 4º, veja-se:

> Art. 4º. O arrendatário ao amparo do Programa deverá, individualmente ou como membro de um consórcio ou condomínio, **enquadrar-se nas normas da agricultura familiar, ficando vedado arrendar área superior ao limite de área de quatro módulos fiscais da região, ou manter, simultaneamente, mais de um contrato de arrendamento de terra, para se beneficiar dos créditos e outros instrumentos da espécie.**[115] (grifos nossos)

[114] BRASIL. *Decreto n. 3.993, de 30 de outubro de 2001*. Regulamenta o art. 95-A da Lei n. 4.504, de 30 de novembro de 1964, que institui o Programa de Arrendamento Rural para a Agricultura Familiar, e dá outras providências. Disponível em: http://www.planalto.gov.br/ccivil_03/decreto/2001/D3993.htm. Acesso em: 30 set. 2021.

[115] BRASIL. *Decreto n. 3.993, de 30 de outubro de 2001*. Regulamenta o art. 95-A da Lei n. 4.504, de 30 de novembro de 1964, que institui o Programa de Arrendamento Rural para a Agricultura Familiar, e dá outras providências. Disponível em: http://www.planalto.gov.br/ccivil_03/decreto/2001/D3993.htm. Acesso em: 30 set. 2021.

O primeiro ponto de convergência para a utilização do Decreto como parâmetro é o enquadramento do produtor como agricultor familiar. O conceito de agricultura familiar é trazido pelo art. 3º da Lei n. 11.326 de 11 de julho de 2006:

> Art. 3º Para os efeitos desta Lei, considera-se agricultor familiar e empreendedor familiar rural aquele que pratica atividades no meio rural, atendendo, simultaneamente, aos seguintes requisitos:
>
> I – não detenha, a qualquer título, área maior do que 4 (quatro) módulos fiscais;
>
> II – utilize predominantemente mão-de-obra da própria família nas atividades econômicas do seu estabelecimento ou empreendimento;
>
> III – tenha percentual mínimo da renda familiar originada de atividades econômicas do seu estabelecimento ou empreendimento, na forma definida pelo Poder Executivo; (Redação dada pela Lei n. 12.512, de 2011)
>
> IV – dirija seu estabelecimento ou empreendimento com sua família.[116]

Não por acaso, o inc. I do artigo retromencionado e o art. 4º do Decreto n. 3.993/2001 vedaram expressamente a detenção de área superior a 4 (quatro) módulos fiscais para que se adequasse a condição de beneficiário do programa, pois a Lei n. 8.629/1993 em seu art. 4º define que a pequena propriedade rural deve ter área de até 4 (quatro) módulos fiscais, a média aquela de 4 (quatro) a 15 (quinze) módulos fiscais e a grande aquela que tenha área superior a 15 (quinze) módulos fiscais.[117]

---

[116] BRASIL. *Lei n. 11.326 de 24 de julho de 2006.* Estabelece as diretrizes para a formulação da Política Nacional da Agricultura Familiar e Empreendimentos Familiares Rurais. Disponível em: http://www.planalto.gov.br/ccivil_03/_ato2004-2006/2006/lei/l11326.htm. Acesso em: 30 set. 2021.

[117] BRASIL. *Lei n. 8.629 de 25 de fevereiro de 1993.* Dispõe sobre a regulamentação dos dispositivos constitucionais relativos à reforma agrária, previstos no Capítulo III, Título VII, da Constituição Federal. Disponível em: http://www.planalto.gov.br/ccivil_03/leis/l8629.htm. Acesso em: 30 set. 2021.

Nos termos de Wienke:

> [...] o tamanho da propriedade é o primeiro critério estabelecido pela lei para a identificação do agricultor familiar. O critério, embora não uniforme, impõe uma relação entre agricultura familiar e pequena propriedade rural. Contudo, o agricultor familiar não se restringe ao proprietário da terra. O artigo 3º da lei 11.326/2006 utiliza o verbo deter, incluindo no rol de agricultores familiares não apenas os proprietários, mas também aqueles que possuem uma relação de posse com a terra.[118]

O limite de módulos fiscais não é um empecilho para adequação dos Produtores de Alho Pessoa Física de Minas Gerais ao conceito de Agricultura Familiar, veja-se as áreas cultivadas pelos "Grupos" na pesquisa realizada:

Gráfico 1 Tamanho da área da produção de alho referente ao ano de 2020.

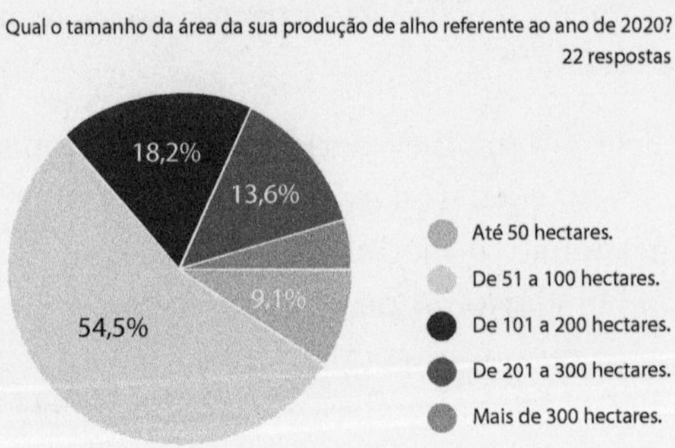

Fonte: Elaboração pelo autor.

As áreas cultivadas são em sua maioria limitadas à 100 hectares – 63,6% (sessenta e três virgula seis por cento, sendo 54,5% (cinquenta e quatro vírgula cinco por cento) – de 51 (cinquenta

[118] WIENKE, Felipe Franz. A noção de agricultura familiar no direito brasileiro: uma conceituação em torno de elementos socioeconômicos e culturais. *JURIS*, Rio Grande, v. 27, n. 1, p. 225-245, 2017, p. 229. Disponível em: https://periodicos.furg.br/juris/article/view/6966. Acesso em: 14 out. 2021.

e um) a 100 (cem) hectares e 9,1% até 50 (cinquenta) hectares). As principais cidades produtoras de alho em 2019 foram: Rio Paranaíba, Campos Altos e São Gotardo.[119] O módulo fiscal de Rio Paranaíba e São Gotardo em 2013 eram de 40 (quarenta) hectares e de Campos Altos 35 (trinta e cinco) hectares segundo o Instituto Nacional de Colonização e Reforma Agrária (INCRA).[120]

Portanto a propriedade não poderia ser superior a 160 (cento e sessenta) hectares para São Gotardo e Rio Paranaíba e 140 (cento e quarenta) hectares para Campos Altos, o que englobaria pelo menos 63,6% (sessenta e três vírgula seis por cento) dos respondentes que preencheriam tal requisito.

Ponto que, sem dúvida, o que esbarra na possibilidade de enquadramento dos Produtores de Alho na Agricultura Familiar é a mão-de-obra. O inc. II da Lei n. 11.326 prevê a necessidade do uso predominante de mão-de-obra da própria família para o desenvolvimento da atividade.[121]

Em entrevista com o presidente da AMIPA, fora verificado que se geram de 8 (oito) a 10 (dez) postos de trabalho indiretamente por cada hectare de alho e que, diretamente, estima-se que de 4 (quatro) a 5 (cinco) posto de trabalho por hectare. Nesse ínterim, mesmo que se tenha uma propriedade dentro dos parâmetros da Agricultura Familiar no que concerne aos módulos fiscais, resta inviabilizada a produção somente com membros da família, ainda que na faixa mínima levantada na pesquisa – até 50 (cinquenta) hectares.

---

119 MINAS GERAIS. Secretaria de Estado de Agricultura e Pecuária e Abastecimento de Minas Gerais. *Relatório Alho – nov./2021*. Belo Horizonte/MG, 2020. Disponível em: http://www.agricultura.mg.gov.br/. Acesso em: 14 out. 2021.

120 INCRA. *Instituto Nacional de Colonização e Reforma Agrária*. Disponível em: https://www.gov.br/pt-br/orgaos/instituto-nacional-de-colonizacao--e-reforma-agraria. Acesso em: 14 out. 2021.

121 BRASIL. *Lei n. 11.326 de 24 de julho de 2006*. Estabelece as diretrizes para a formulação da Política Nacional da Agricultura Familiar e Empreendimentos Familiares Rurais. Disponível em: http://www.planalto.gov.br/ccivil_03/_ato2004-2006/2006/lei/l11326.htm. Acesso em: 30 set. 2021.

Outro ponto que exclui os Produtores Rurais pesquisados da hipótese de agricultura familiar é o inc. IV, quanto ao desenvolvimento da atividade em conjunto com a família. Observando-se as respostas elencadas pelos associados da AMIPA tem-se o seguinte percentual:

Gráfico 2 Realização do desenvolvimento da atividade rural de produção de alho entre os sócios.

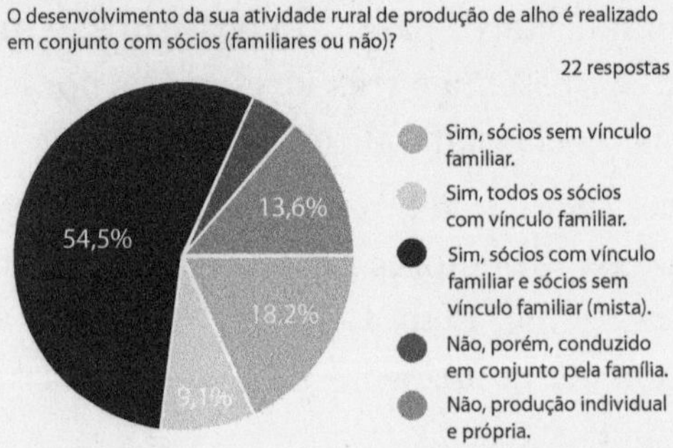

Fonte: Elaboração pelo autor.

Ou seja, apenas 9,1% (nove vírgula um por cento) dos produtores desenvolvem a atividade com sócios exclusivamente familiares. A grande maioria dos respondentes – 54,5% (cinquenta e quatro vírgula cinco por cento) – desenvolvem a atividade com sociedade mista, ou seja, familiar e não familiar. Nesse ínterim, o que se verifica é que os "Grupos" desenvolvem a sua atividade minoritariamente em sistema familiar, excluindo o requisito legal.

Portanto, a análise dos aspectos empíricos colhidos demonstra a inviabilidade da aplicação dos institutos aos "Grupos" de produtores de alho, vez que, não se adequam aos requisitos esboçados pela agricultura familiar, ainda que possuam área diminuta (inferior aos quatro módulos fiscais) e tenham uma atuação familiar exacerbada, em especial, pela quantidade de colaboradores necessários para o desenvolvimento da atividade, que supera em muito a atuação familiar.

Vale ressaltar que o não enquadramento de produtores rurais em sociedades de Pessoas Físicas às normas da Agricultura familiar, qualquer que seja a sua cultura produtiva, impossibilita a aplicação dos institutos do Decreto n. 3.993 de 2001 - próprio da agricultura familiar.

3.3 Da adequação dos "grupos" de produtores rurais pessoa física ao ordenamento jurídico: Cultivo de Alho

Preteritamente fora apresentado quem é o produtor rural pessoa física sob o âmbito da legislação brasileira, assim como a possibilidade de escolha do regime que pretende adotar – empresarial ou cível, a depender de onde registraria seus atos constitutivos.

Tal possibilidade é, inclusive, prevista no próprio Estatuto da Terra em seu art. 14:

> Art. 14. O Poder Público facilitará e prestigiará a criação e a expansão de associações de pessoas físicas e jurídicas que tenham por finalidade o racional desenvolvimento extrativo agrícola, pecuário ou agroindustrial, e promoverá a ampliação do sistema cooperativo, bem como de outras modalidades associativas e societárias que objetivem a democratização do capital. (Redação dada Medida Provisória n. 2.183-56, 2001)
>
> § 1° Para a implementação dos objetivos referidos neste artigo, os agricultores e trabalhadores rurais poderão constituir entidades societárias por cotas, em forma consorcial ou condominial, com a denominação de "consórcio" ou "condomínio", nos termos dos arts. 3° e 6° desta Lei. (Incluído pela Medida Provisória n. 2.183-56, de 2001)
>
> **§ 2° Os atos constitutivos dessas sociedades deverão ser arquivados na Junta Comercial, quando elas praticarem atos de comércio, e no Cartório de Registro das Pessoas Jurídicas, quando não envolver essa atividade.** (Incluído pela Medida Provisória n. 2.183-56, de 2001)[122] (grifos nossos)

---

[122] BRASIL. *Lei n. 4.504 de 30 de novembro de 1964*. Dispõe sobre o Estatuto da Terra, e dá outras providências. Disponível em: http://www.planalto.gov.br/ccivil_03/leis/l4504.htm. Acesso em: 30 set. 2021.

Como se vê, o Estatuto da Terra fora alterado pela Medida Provisória n. 2.183-56 de 2001, antes do Novo Código Civil (2002), seguindo a teoria dos atos de comércio, segundo a qual, o comerciante era aquele que desenvolvia uma atividade objetivamente prevista na legislação, independentemente de estar ou não vinculado a respectiva corporação e, independentemente do *status* pessoal do agente.[123]

O Código Civil de 2002, como já fora mencionado anteriormente, seguindo a teoria da empresa, deu a opção, por expressa previsão legal, de que o produtor rural registre os seus atos constitutivos na Junta Comercial, em seus artigos 971 e 984.[124] Caso o produtor rural opte por não fazer a inscrição de seus atos constitutivos na Junta Comercial, e sim por continuar no regime Civil, enquanto sociedade simples, é necessário proceder o seu registro no Cartório de Registro das Pessoas Jurídicas, nos termos do art. 998 do CC. Ocorre que, em entrevista com o presidente da AMIPA, tomou-se conhecimento do seguinte fato:

> [...] Mas igual é o nosso caso, também é registrado, acredito que primeiramente para dar a segurança para os sócios, né? **Sei que esse contrato tem um registro em cartório. Ele dá publicidade ao condomínio e esses condomínios, mesmo ao condomínio, e também ele é considerado... Mesmo sendo pessoa física – no CEI – ele é considerado uma personalidade jurídica.** Creio eu que deve ser por esse motivo, para dar uma segurança do sócio. Esse registro em cartório desse condomínio.[125] (grifos nossos)

Ou seja, os produtores rurais registram o "Grupo" em cartório, mas não constituem uma pessoa jurídica, permanecendo na

---

[123] SCALZILLI, João Pedro; TELLECHE, Rodrigo; SPINELLI, Luis Felipe. *Introdução ao Direito Empresarial*. Porto Alegre: Buqui, 2020, p. 128.

[124] BRASIL. *Lei n. 10.406 de 10 de janeiro de 2002*. Institui o Código Civil. Disponível em: http://www.planalto.gov.br/ccivil_03/leis/2002/l10406compilada.htm. Acesso em: 30 set. 2021.

[125] AMIPA. *Associação Mineira dos Produtores de Alho*. Disponível em: https://amipa.com.br/inicio. Acesso em: 14 out. 2021.

Pessoa Física para exercer a atividade rural. O contrato é registrado não para gerar uma personalidade jurídica, mas sim, para dar conhecimento da existência do "Grupo" perante terceiros estranhos à relação das relações negociais/econômicas existentes.

A existência de tal contrato também tem eficiência em comprovações perante o Fisco, veja-se:

> Art. 13. Os arrendatários, os condôminos e os parceiros na exploração da atividade rural, **comprovada a situação documentalmente**, pagarão o imposto de conformidade com o disposto nesta lei, separadamente, na proporção dos rendimentos que couber a cada um.[126] (grifo nosso)
>
> Art. 14. Os arrendatários, os condôminos, os conviventes, no caso de união estável, e os parceiros, na exploração da atividade rural, devem apurar o resultado, separadamente, na proporção dos rendimentos e despesas que couberem a cada um, **devendo essa condição ser comprovada documentalmente**.[127] (grifos nossos)

Portanto, o próprio fisco exige a comprovação da existência da reunião dos produtores rurais, seja mediante arrendamento, parceria, condomínio e convivência, para o desenvolvimento da atividade rural para divisão das proporções do rendimento e consequente recolhimento do Imposto de Renda.

Entretanto, há de se focar nos motivos revelados pelo entrevistado. Afirma-se que um dos motivos do registro do contrato seria a solidarização dos riscos da sociedade, como no caso da captação de recursos em nome de apenas 1 (um) dos sócios para

---

[126] BRASIL. *Lei 8.023 de 12 de abril de 1990.* Altera a legislação do Imposto de Renda sobre o resultado da atividade rural, e dá outras providências. Disponível em: http://www.planalto.gov.br/ccivil_03/leis/l8023.htm. Acesso em: 30 set. 2021.

[127] BRASIL. *Instrução Normativa RFB n. 83, de 16 de outubro de 2001.* Dispõe sobre a tributação dos resultados da atividade rural das pessoas físicas. Disponível em: http://normas.receita.fazenda.gov.br/sijut2consulta/link.action?visao=anotado&idAto=14387. Acesso em: 29 set. 2021.

o desenvolvimento da atividade do "Grupo", ou seja, em prol de todos os pertencentes:

> Flávio: No nosso caso especificamente, quando nós captamos os recursos do [NOME DO GRUPO], não tem como o banco colocar 30 avais no contrato... **aí o que que se fazia, um contrato entre os sócios... Não sei te falar juridicamente como chama o contrato...**
>
> Luis: De solidarização dos riscos?
>
> Flávio: Isso, de solidariedade né? **Não sei como chama especificamente, onde reza que aquela dívida, o valor "x" pertence ao grupo e todos assinavam nesse contrato, inclusive as esposas.** (grifos nossos)

Ou seja, o ato constitutivo do "Grupo" não é registrado com o intuito da criação de uma personalidade jurídica, mas sim de resguardar a relação de sociedade existente no caso de eventuais prejuízos. A questão suscita uma complexidade frente ao ordenamento, vez que o próprio Código Civil prescreve:

> Art. 986. **Enquanto não inscritos os atos constitutivos, reger-se-á a sociedade**, exceto por ações em organização, pelo disposto neste Capítulo, **observadas, subsidiariamente e no que com ele forem compatíveis, as normas da sociedade simples.**[128] (grifos nossos)

No caso, o que fora alegado pelo presidente da AMIPA é que os atos são registrados, todavia, não há constituição de Pessoa Jurídica, tendo a continuação do desenvolvimento da atividade na pessoa física dos integrantes.

Segundo André Luiz Santa Cruz, a sociedade em comum é aquela:

---

128 BRASIL. *Lei 10.406 de 10 de janeiro de 2002*. Institui o Código Civil. Disponível em: http://www.planalto.gov.br/ccivil_03/leis/2002/l10406compilada.htm. Acesso em: 09 out. 2021.

> [...] que ainda não inscreveu seus atos constitutivos no órgão de registro competente: Junta Comercial, em se tratando de sociedade empresária, e Cartório de Registro Civil de Pessoas Jurídicas, em se tratando de sociedade simples.[129]

No mesmo sentido, Ricardo Negrão afirma que a sociedade em comum é simplesmente aquela sociedade que ainda não se inscreveu em um dos órgãos de registro público – a Junta Comercial ou o Cartório de Registro Civil de Pessoas Jurídicas – que, no Código Civil de 1916 eram chamadas de "sociedade irregular" ou "sociedade de fato".[130]

Destaca, ainda, Gustavo Saad que em decorrência da ausência de registro, a sociedade em comum não adquire personalidade jurídica, mas cria uma organização para o desenvolvimento de determinada atividade pelos sócios a partir do esforço comum e partilha dos riscos (resultados e prejuízos).[131]

Sobre os contratos de sociedade, afirma Rodrigo Tellechea que têm o objetivo de unir pessoas com um mesmo intuito, ou seja, um fim em comum e que, atingir tais resultados depende da colaboração de todos os sócios. As partes, aqui, não têm interesses contrapostos como ocorre na compra e venda e, segundo o autor, é o escopo lucrativo (finalidade em comum dos sócios) que faz surgir todo um esquema societário.[132]

A inexistência de personalidade jurídica remete à sociedade em comum, que traz a responsabilização irrestrita dos sócios

---

[129] RAMOS, André Luiz Santa Cruz. *Direito empresarial*. 10. ed. Rio de Janeiro: Forense, 2020, volume único, p. 543.

[130] NEGRÃO, Ricardo. *Curso de direito comercial e de empresa*. 16. ed. São Paulo: Saraiva, 2019, p. 333.

[131] DINIZ, Gustavo Saad. *Curso de direito comercial*. São Paulo: Atlas, 2019, p. 175.

[132] TELLECHEA, Rodrigo. *Autonomia Privada no Direito Societário*. São Paulo: Quartier Latin, 2016, p. 61-62.

e, consequentemente, de seu patrimônio pessoal como regra, conforme previsão do art. 990[133] do Código Civil.

Nesse sentido Gustavo Saad enfatiza:

> [...] podem os credores buscar os bens do patrimônio pessoal de um ou mais sócios, de acordo com as regras de obrigações solidárias previstas no art. 275 do CC. Há preferência, contudo, em execução de bens do sócio que tenha contratado diretamente pela sociedade.[134]

O registro da sociedade, além de questões fiscais, também serve para fazer prova da sua existência – como elencado pelo presidente da AMIPA. A precaução é justificada por expressa previsão legal, qual seja, o art. 987 do Código Civil que preleciona: "Art. 987. Os sócios, nas relações entre si ou com terceiros, **somente por escrito podem provar a existência da sociedade**, mas os terceiros podem prová-la de qualquer modo".[135] (grifos nossos)

Ou seja, o registro do contrato no Cartório de Registro Civil de Pessoas Jurídicas, propriamente, se dá, inicialmente, para publicizar a existência da sociedade, pela necessidade de prova perante terceiros ocorrer por escrito e não para a constituição de personalidade jurídica e resguardar o patrimônio dos sócios.

Contudo a formatação da sociedade simples vem expressa no art. 997 do Código Civil de 2002 no seguinte sentido:

---

133 Art. 990. Todos os sócios respondem solidária e ilimitadamente pelas obrigações sociais, excluído do benefício de ordem, previsto no art. 1.024, aquele que contratou pela sociedade. (BRASIL. *Lei 10.406 de 10 de janeiro de 2002*. Institui o Código Civil. Disponível em: http://www.planalto.gov.br/ccivil_03/leis/2002/l10406compilada.htm. Acesso em: 09 out. 2021).

134 DINIZ, Gustavo Saad. *Curso de direito comercial.* São Paulo: Atlas, 2019, p. 176.

135 BRASIL. *Lei 10.406 de 10 de janeiro de 2002*. Institui o Código Civil. Disponível em: http://www.planalto.gov.br/ccivil_03/leis/2002/l10406compilada.htm. Acesso em: 09 out. 2021.

> **Art. 997. A sociedade constitui-se mediante contrato escrito, particular ou público, que, além de cláusulas estipuladas pelas partes, mencionará:**
>
> I – nome, nacionalidade, estado civil, profissão e residência dos sócios, se pessoas naturais, e a firma ou a denominação, nacionalidade e sede dos sócios, se jurídicas;
>
> II – denominação, objeto, sede e prazo da sociedade;
>
> III – capital da sociedade, expresso em moeda corrente, podendo compreender qualquer espécie de bens, suscetíveis de avaliação pecuniária;
>
> IV – a quota de cada sócio no capital social, e o modo de realizá-la;
>
> V – as prestações a que se obriga o sócio, cuja contribuição consista em serviços;
>
> VI – as pessoas naturais incumbidas da administração da sociedade, e seus poderes e atribuições;
>
> VII – a participação de cada sócio nos lucros e nas perdas;
>
> VIII – se os sócios respondem, ou não, subsidiariamente, pelas obrigações sociais.
>
> Parágrafo único. É ineficaz em relação a terceiros qualquer pacto separado, contrário ao disposto no instrumento do contrato.[136] (grifos nossos)

O contrato elaborado pelos produtores rurais é escrito, particular ou público e pode mencionar todos os incisos seguintes, preenchendo, assim, os requisitos legais. Nesse ínterim, não obstante o entrevistado afirmar que o Contrato não é registrado no Cartório de Registro Civil das Pessoas Jurídicas para constituição de Personalidade Jurídica, há de se conceber a possibilidade de que ele preencha todos os requisitos elencados pelo art. 997 *retro* e estar registrado no registro competente.

---

[136] BRASIL. *Lei 10.406 de 10 de janeiro de 2002*. Institui o Código Civil. Disponível em: http://www.planalto.gov.br/ccivil_03/leis/2002/l10406compilada.htm. Acesso em: 09 out. 2021.

O art. 985 do Código Civil preleciona "Art. 985. A sociedade adquire personalidade jurídica com a inscrição, no registro próprio e na forma da lei, dos seus atos constitutivos (arts. 45 e 1.150)."[137]

Ou seja, a mera inscrição do contrato no registro do contrato no registro próprio, concede a ela Personalidade jurídica, dando início a existência da Pessoa Jurídica de Direito Privado, como expressa o art. 45 do Código Civil:

> Art. 45. **Começa a existência legal das pessoas jurídicas de direito privado com a inscrição do ato constitutivo no respectivo registro**, precedida, quando necessário, de autorização ou aprovação do Poder Executivo, averbando-se no registro todas as alterações por que passar o ato constitutivo.[138] (grifo nosso)

Elenca Eduardo Goulart Pimenta que o registro do contrato – ou estatuto social, de acordo com o caso – é a providência essencial para a constituição válida das sociedades e é, também, o ato responsável pela criação da personalidade jurídica dos sujeitos de direito.[139]

Anderson Schreiber, no mesmo sentido, afirma:

> [...] **O início da personalidade jurídica, no entanto, requer a inscrição do ato constitutivo da pessoa jurídica no registro competente, momento no qual se dá a**

---

[137] BRASIL. *Lei 10.406 de 10 de janeiro de 2002.* Institui o Código Civil. Disponível em: http://www.planalto.gov.br/ccivil_03/leis/2002/l10406compilada.htm . Acesso em: 09 out. 2021.

[138] BRASIL. *Lei 10.406 de 10 de janeiro de 2002.* Institui o Código Civil. Disponível em: http://www.planalto.gov.br/ccivil_03/leis/2002/l10406compilada.htm. Acesso em: 11 out. 2021.

[139] PIMENTA, Eduardo Goulart. *Direito, Economia e Recuperação de empresas.* Porto Alegre: FI, 2019, p. 118.

> **efetiva dissociação patrimonial entre o ente abstrato e seus criadores.**[140] (grifos nossos)

Em tal toada, verifica-se que, ainda que não seja o intuito, o "Grupo" pode preencher todos os requisitos e dar início a sua personalidade jurídica, mediante o registro no órgão competente.

Contudo, ao registrar o ato constitutivo no Cartório de Registro Civil das Pessoas Jurídicas, o "Grupo" não adquire um Cadastro Nacional de Pessoas Jurídicas (CNPJ), sendo necessário, após o registro no cartório, promover umRegistro na Receita Federal do Brasil (RFB) a partir de um Documento Básico de Entrada (DBE) no CNPJ.[141]

Entretanto, conforme entrevista realizada com o presidente da AMIPA, o "Grupo" registra seus atos constitutivos o "Grupo" registra seus atos constitutivos no Cartório de Registro Civil das Pessoas Jurídicas, contudo, não promove a formalização da DBE necessária para a constituição do CNPJ.

Os produtores rurais no estado de Minas Gerais, quando não atuam mediante a formalização de Pessoas Jurídicas, atuam a partir de uma "Inscrição Estadual" feita no sítio da Secretaria de Estado de Fazenda (SEFA).[142]

A própria SEFA, ao emitir a Inscrição Estadual, reconhece que o "Grupo" seria uma sociedade em comum, ou seja, sem a constituição de personalidade jurídica, como se vê no modelo a seguir:

---

140 SCHREIBER, Anderson et al. *Código Civil comentado* – doutrina e jurisprudência. Rio de Janeiro: Forense, 2019, p. 97.

141 SEBRAE. *Roteiro para Registro de Sociedade SIMPLES*. Disponível em: https://www.sebrae.com.br/Sebrae/Portal%20Sebrae/UFs/PE/Anexos/ROTEIRO%20SOCIEDADE%20SIMPLES.pdf. Acesso em: 11 out. 2021.

142 SEFA. Secretaria de Estado de Fazenda. *Cadastro de Produtor Rural – Pessoa Física*. Disponível em: http://www.fazenda.mg.gov.br/empresas/Cadastro/produtor_rural/. Acesso em: 11 out. 2021.

Figura 1 Participantes da sociedade em comum de produtor rural.

PARTICIPANTES DA SOCIEDADE EM COMUM DE PRODUTOR RURAL	
CPF	NOME

EMITIDA EM:	DATA E HORA DE BRASÍLIA

Fonte: Secretaria de Estado de Fazenda (SEFA).

Obs.: Os dados dos produtores foram retirados pelo sigilo de seus dados pessoais.

Tal orientação, vai de encontro com o que o entrevistado informou. Na prática, o "Grupo" é registrado, mas não constitui a "Personalidade Jurídica", os efeitos desejáveis do registro são a cientificação de terceiros da existência da sociedade, vez que só pode ser realizada por escrito.

O desenvolvimento da atividade sem a proteção do manto da personalidade jurídica é algo que chama a atenção, visto que, a agricultura, em si, é uma atividade composta por diversos riscos. Sendo assim, no próximo capítulo procurar-se-á compreender, a partir de pesquisa empírica, os motivos que fazem com que o "Grupo" opte pela não constituição da personalidade jurídica após seu registro, sob o aspecto societário.

4
DAS CARACTERÍSTICAS DO GRUPO AGRÍCOLA DE PRODUTORES RURAIS PESSOA FÍSICA: CULTIVO DE ALHO

O cultivo do alho é composto por diversas peculiaridades, em especial, na região de atuação da AMIPA que abarca todo o Estado de Minas Gerais. Necessário se faz compreender quais são essas peculiaridades e seus impactos nas relações entre os sócios do empreendimento rural, assim como, compreender como ele é conduzido em relação à tomada decisões, fornecimento de garantias creditícias e separação do patrimônio em comum.

No presente capítulo, analisar-se-á, então, como se dá a opção da escolha dos sócios da sociedade rural quanto ao registro dos atos constitutivos e quais são as consequências de tal opção legislativa, ressaltando qual o impacto da personificação ou não da sociedade no que condiz às tratativas entre sócios.

4.1 Da pesquisa empírica

A escolha da AMIPA como foco da pesquisa se deu por conter um universo de produtores rurais que desenvolvem as atividades tipicamente em sociedade – como restou comprovado na coleta de dados – por diversos motivos que serão explanados a em momento oportuno, além da abertura da Associação e de seu presidente para o desenvolvimento da pesquisa e auxílio com os dados solicitados.

A presente pesquisa qualitativa, de cunho descritivo, envolveu um estudo de caráter empírico que, além da **pesquisa de campo** com a utilização do questionário e da entrevista semiestruturada realizada, foi realizada uma **pesquisa documental**, por meio da análise de documentos, ou seja, de legislações e jurisprudências, bem como a realização da **pesquisa bibliográfica**, a fim de cruzar os dados para a interpretação, fundamentando a pesquisa.

Quanto à pesquisa documental, Antonio Chizzotti comenta que ela é parte integrante de qualquer pesquisa e acompanha os trabalhos de campo. Para o autor:

> Ela pode ser um aspecto dominante em trabalhos que visam mostrar a situação atual de um assunto determinado ou intentam traçar a evolução histórica de um problema. É importante também para se conhecer os tipos de investigação já realizados, os instrumentos adotados, os pressupostos teóricos assumidos, as posições dos pesquisadores, os aspectos já explorados e os sistemas de explicação que foram construídos.[143]

E importante destacar também que, para Antônio Joaquim Severino, a pesquisa bibliográfica:

> É aquela que se realiza a partir do registro disponível, decorrente de pesquisas anteriores, em documentos impressos, como livros, artigos, teses, etc. Utiliza-se dados ou de categorias teóricas já trabalhados por outros pesquisadores e devidamente registrados. Os textos tornam-se fontes

[143] CHIZZOTTI, Antonio. *Pesquisa em ciências humanas e sociais.* 7. ed. São Paulo: Cortez, 2005, p. 18

> de temas a serem pesquisados. O pesquisador trabalha a partir das contribuições dos autores dos estudos analíticos constantes dos textos.[144]

Para obtenção dos dados utilizados no presente trabalho, fora utilizada a pesquisa empírica, baseada em um diagnóstico advindo da resposta de um questionário enviado individualmente para todos os membros da AMIPA; uma entrevista realizada com o atual presidente da AMIPA – devidamente gravada e transcrita –, no intuito de compreender qual o funcionamento dos "Grupos" – linguajar utilizado pelo próprio entrevistado – e retirar eventuais dúvidas remanescentes das respostas do questionário online, além de dados de órgãos governamentais, associações e empresas do Agronegócio.

Inicialmente, foi realizada a coleta de dados a partir de um **questionário** virtual encaminhado a todos os membros da AMIPA – que era composta por 73 "Grupos" associados no momento da pesquisa – mesclado por uma série de perguntas objetivas e dissertativas, que questionavam: O modelo de gestão, desafios vivenciados, área cultivada, a quantidade de anos que desenvolve a atividade, como se dá a disposição societária (com sócios familiares ou não), como são regulamentadas as regras societárias, se para o desenvolvimento da atividade há utilização da Pessoa Jurídica e o motivo da sua utilização, além das questões de acesso ao crédito.

Segundo Antônio Joaquim Severino, o questionário representa:

> Um conjunto de questões, sistematicamente articuladas, que se destinam a levantar informações escritas por parte dos sujeitos pesquisados, com vistas a conhecer a opinião dos mesmos sobre os assuntos em estudo. As questões devem ser pertinentes ao objeto e claramente formuladas, de modo a serem compreendidas pelos sujeitos. [...] nas questões

---

[144] SEVERINO, Antônio Joaquim. *Metodologia do Trabalho Científico*. 24. ed. São Paulo: Cortez, 2016, p. 131.

abertas o sujeito pode elaborar as respostas, com suas próprias palavras, a partir de sua elaboração pessoal.[145]

As respostas foram coletas no período de 01 de fevereiro de 2021 a 16 de abril de 2021 e totalizaram 22, o que representa 30,13% de índice de respostas. Assevere-se que a pesquisa foi realizada por meio digital por algumas razões.

A primeira delas remete à segurança de todos os envolvidos, vez que a pesquisa foi realizada no pior momento da pandemia do COVID-19 no Brasil, no intervalo de 01 de fevereiro de 2021 a 16 de abril de 2021, foram registradas 158.938 mortes no Brasil, segundo o portal da transparência da ARPEN Brasil (Associação Nacional dos Registradores de Pessoas Naturais).[146]

Segundo, verificou-se que em virtude da pandemia a AMIPA não efetuaria encontros presenciais e como a Associação possui componentes de diversas cidades no estado – como São Gotardo, Rio Paranaíba, Carmo do Paranaíba, Ibiá, Sacramento, Serra do Salitre e Coromandel, dentre outras – o deslocamento para entrevistas presenciais seria dificultoso, ainda mais observando que boa parte dos componentes vivem na zona rural.

Uma das hipóteses para o baixo índice de respostas, inclusive, é o fato de o questionário ter sido apresentado de forma virtual. Ressalte-se que o questionário foi feito na modalidade anônima justamente no intuito de estimular as respostas, visto que poderia existir resistência em compartilhar informações pessoais nominalmente.

Em virtude do baixo índice de respostas e de algumas dúvidas que surgiram das respostas, fora realizada uma **entrevista** com o presidente da AMIPA.

---

[145] SEVERINO, Antônio Joaquim. *Metodologia do Trabalho Científico*. 24. ed. São Paulo: Cortez, 2016, p. 125.

[146] ARPEN Brasil. Associação Nacional dos Registradores de Pessoas Naturais. Portal da Transparência. *Especial COVID*. Disponível em: https://transparencia.registrocivil.org.br/especial-covid. Acesso em: 18 ago. 2021.

Segundo Antonio Carlos Gil:

> Pode-se definir entrevista como a técnica em que o investigador se apresenta frente ao investigado e lhe formula perguntas, com o objetivo de obtenção dos dados que interessam à investigação. A entrevista é, portanto, uma forma de interação social. Enquanto técnica de coleta de dados, a entrevista é bastante adequada para a obtenção de informações acerca do que as pessoas sabem, creem, esperam, sentem ou desejam, pretendem fazer, fazem ou fizeram, bem como acerca de suas explicações ou razões a respeito das coisas precedentes.[147]

Essa entrevista foi realizada a fim de compreender melhor a situação dos produtores de alho que compõem a Associação. A entrevista fora realizada no dia 17 de agosto de 2021, gravada e transcrita para facilitar o acesso e conferência dos dados apresentados.

4.2 Dos dados da produção de alho no Estado de Minas Gerais

Segundo a Secretaria de Estado de Agricultura, Pecuária e Abastecimento de Minas Gerais em 2019, o Estado de Minas Gerais produziu 40,2% de todo o alho brasileiro, com 52,8 mil toneladas produzidas em 3.424 (três mil quatrocentos e vinte e quatro) hectares anualmente.[148]

Em entrevista concedida pelo presidente da AMIPA – Flávio Márcio Ferreira da Silva – foi informado que no ano de

---

[147] GIL, Antonio Carlos. *Métodos e Técnicas de Pesquisa Social*. 6. ed. São Paulo: Atlas, 2011.

[148] MINAS GERAIS. Secretaria de Estado de Agricultura e Pecuária e Abastecimento de Minas Gerais. *Relatório Alho – nov./2021*. Belo Horizonte/MG, 2020. Disponível em: http://www.agricultura.mg.gov.br/. Acesso em: 14 out. 2021.

2021, o estado de Minas Gerais contou com uma área plantada de alho de aproximadamente 8.000 (oito mil) hectares, representando mais de 60% de toda a produção nacional.

Ademais, a região do Alto Paranaíba, onde fica sediada a AMIPA, é a maior produtora de alho em Minas Gerais. Segundo dados colhidos em relatório apresentado pela Secretaria de Estado de Agricultura, Pecuária e Abastecimento de Minas Gerais, 86,98% de toda a produção em 2019 vem do Alto Paranaíba,[149] como pode-se verificar na tabela 1, a seguir:

Tabela 1 Alho – Distribuição espacial da área colhida e produção (2019).

MINAS GERAIS						
REGIÃO	**ÁREA COLHIDA**		**PRODUÇÃO**		**PRODUTIVIDADE**	
	ha	**%**	**toneladas**	**%**	**kg/ha**	**Média estadual = 100**
Central	132	3,86	1.577	2,99	11.947	-23
Rio Doce	11	0,32	47	0,09	4.273	-72
Zona da Mata	1	0,03	4	0,01	4.000	-74
Sul de Minas	32	0,93	316	0,60	9.875	-36
Triângulo	67	2	1.005	2	15.000	-3
Alto Paranaíba	**2.825**	**82,51**	**45.950**	**86,98**	**16.265**	**5**
Centro Oeste	201	5,87	2.929	5,54	14.572	-6
Noroeste de Minas	30	0,88	360	0,68	12.000	-22
Norte de Minas	79	2,31	473	0,90	5.987	-61
Jequitinhonha/Mucuri	46	1,34	167	0,32	3.630	-76
Minas Gerais	**3.424**	**100,00**	**52.828**	**100,00**	**15.429**	**0**

Fonte: Secretaria de Estado de Agricultura, Pecuária e Abastecimento de Minas Gerais.

[149] MINAS GERAIS. Secretaria de Estado de Agricultura e Pecuária e Abastecimento de Minas Gerais. *Relatório Alho – nov./2021*. Belo Horizonte/MG, 2020. Disponível em: http://www.agricultura.mg.gov.br/. Acesso em: 14 out. 2021.

As principais cidades produtoras de alho, ainda segundo dados da Secretaria de Estado de Agricultura, Pecuária de Abastecimento de Minas Gerais são as cidades de Rio Paranaíba, Campos Altos e São Gotardo, citados em ordem de produtividade.[150]

4.3 Da análise dos dados e informações coletadas

Os dados e informações coletadas forneceram um arcabouço teórico interessante para compreender a modelação societária e as características dos "Grupos", expressão utilizada pelos próprios produtores rurais de alho para definir a reunião de produtores rurais de alho na pessoa física – de âmbito familiar ou não – para o desenvolvimento da atividade econômica.

Antonio Chizzotti afirma que:

> [...] os dados não são coisas isoladas, acontecimentos fixos, captados em um instante de observação. Eles se dão em um contexto fluente de relações: são "fenômenos" que não se restringem às percepções sensíveis e aparentes, mas se manifestam em uma complexidade de oposições, de revelações e de ocultamentos. É preciso ultrapassar sua aparência imediata para descobrir sua essência.[151]

Destaque-se, inicialmente, que os produtores de alho da AMIPA atuam majoritariamente em sociedade, de origem familiar ou não. Segundo questionário apresentado aos componentes da AMIPA, apenas 13,6% – 3 (três) respondentes – plantam alho de forma individual.

---

150 MINAS GERAIS. Secretaria de Estado de Agricultura e Pecuária e Abastecimento de Minas Gerais. *Relatório Alho – nov./2021*. Belo Horizonte/MG, 2020. Disponível em: http://www.agricultura.mg.gov.br/. Acesso em: 14 out. 2021.

151 CHIZZOTTI, Antonio. *Pesquisa em ciências humanas e sociais*. 7. ed. São Paulo: Cortez, 2005, p. 84.

Gráfico 3 Desenvolvimento da atividade rural de produtores de alho.

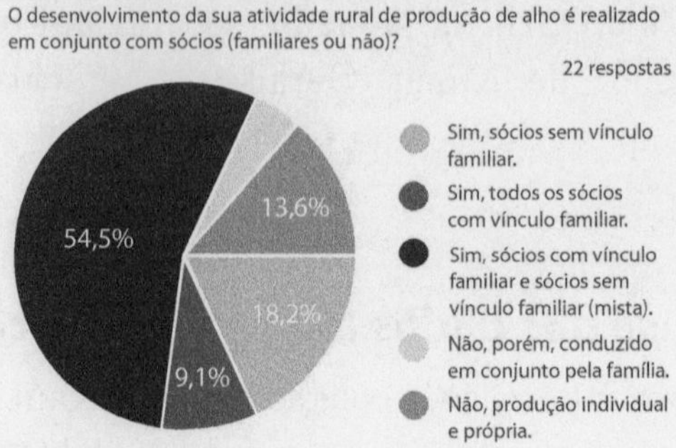

Fonte: Elaboração pelo autor.

Ponto interessante, também, é o fato da sociedade mista – nesse caso referindo-se ao fato de existirem sócios com vínculo familiar e não familiar – corresponder a 54,5% da situação fática dos respondentes – 12 (doze) respostas.

As sociedades exclusivamente familiares demonstram um baixo percentual, tão somente 9,1% dos respondentes – 2 (duas) respostas – declararam que estão em uma sociedade estritamente familiar, sendo que a sociedade sem nenhum vínculo familiar, correspondem ao dobro – 18,2%, ou seja, 4 (quatro) respostas.

Em entrevista com o presidente da AMIPA, fora perguntado qual o motivo da formação de "Grupos" para o plantio de alho, veja-se a resposta:

> [...] Na verdade já é uma cultura que não vem do alho, ela vem da cenoura. Isso já atrás lá. Principalmente pelo domínio da cultura japonesa na nossa região aqui, que já se fomentava para esses grupos. **Esses grupos são formados porque se ganha força né, cada um na atividade, um é bom no campo, outro na parte financeira... é uma soma de forças e geralmente as famílias também se unem dentro da própria cooperativa que até tem uma Cooperativa de grande porte que é a [NOME DA COOPERATIVA] que está fomentando vários Grupos dentro da própria cooperativa para plantio... onde se ganha escala né?! A administração, a gestão mais profissionalizada e no**

> **caso do alho especificamente, o Alho pra ter uma produtividade, Ele (Produtor Rural) tem que pegar e ter uma área menor.**
>
> **Ele forma talvez, isso é o que acontece aqui, acontece em São Gotardo, ele forma outro grupo com outra gestão separada para se ter ganhos nessa parte de produtividade não se pensando em ganhos tributários, neste caso, mas pensando na produção, produtividade, qualidade do produto, na gestão, o que envolve muita gente**, o alho é uma cultura, que como você sabe, você é produtor, envolve muitas pessoas, é uma cultura que demanda um... São muitos detalhes na verdade, né?! **E há um afinamento desses detalhes quando se tem uma gestão dividida**. (grifos nossos)

Conforme menção do próprio entrevistado, a formação de grupos se dá pela necessidade de especialização na gestão e desenvolvimento da cultura em busca de produtividade e qualidade da produção. Perguntado quanto ao tamanho dos denominados "Grupos", o entrevistado assim respondeu:

> **Luis, é... Exatamente quantas pessoas, eu não sei dizer, mas temos grupos de 42 (quarenta e duas) pessoas, grupos aí que envolvem quarenta e oito famílias. Temos grupos que envolvem 32 (trinta e duas) famílias. Os maiores, né!**
>
> E também temos grupos que são sociedades que não são familiares, então basicamente são... Teria que fazer um levantamento mais profundo de quantos grupos que envolveria cada pessoa... Quantas pessoas por grupo.
>
> **Mas envolve um montante considerável de pessoas, haja vista que cada grupo, cada grupo familiar tem três quatro pessoas... É o casal e mais dois filhos. Ao todo, estão todos envolvidos nas atividades. Essa é a particularidade, bem dizer, de São Gotardo, né?!** (grifos nossos)

Nesse ínterim, compreende-se que os "Grupos" são organizações mistas, podendo serem constituídas exclusivamente por pessoas do mesmo grupo familiar, exclusivamente por pessoas sem vínculo familiar ou, ainda, de forma mista (familiar e não familiar). Sua formação consiste na distribuição de funções para que ocorra a especialização da atividade, sendo na gestão de pessoas, nos aspectos agronômicos, logísticos e comercialização, dentre outros.

Como relatado em entrevista, os "Grupos" possuem uma quantidade considerável de sócios, sendo relatado que há grupos com diversas quantidades de componentes, chegando os maiores a possuírem 42 (quarenta e dois), 30 (trinta) participantes, sendo uma prática estimulada, inclusive, por Cooperativas.

Outro motivo relatado para a formação dos "Grupos", seria o alto valor agregado/custo da cultura, veja-se:

> Essa é uma particularidade muito grande da nossa região aqui, que é essa formação de grupos, e vários grupos se formando e formam até hoje... **as pessoas se unem porque a cultura... é uma cultura de valor agregado alto, alto custo... então a pessoa tem uma oportunidade de começar na atividade que sozinha é muito difícil começar.**
>
> **Nessa atual safra agora, o custo estimado devido ao aumento de embalagens, papelão, caixa plástica e mão de obra, combustíveis energia elétrica, o custo estimado para se fechar esse ano agora, gira em torno de 165 mil reais (por hectare).** (grifos nossos)

A somatória de fatores como a necessidade de organização/gestão e alto custo de produção, cria a demanda da reunião de pessoas com o intuito de promover o desenvolvimento da atividade. Em estudo realizado por João Francisco Morozini, no cultivo do alho em Santa Catarina, e apresentado no IX Congresso Internacional de Custos – Florianópolis, em 2005, restou demonstrado o quanto a mão-de-obra impacta no custo do alho, veja-se:

Tabela 2 Mão-de-obra e o impacto no custo do alho.

Descrição/Insumos	**Valor R$/ha**	**Valor Total R$**	**%**
Adubação de base	1.829,77	146.382,18	9,39
Adubação de cobertura	530,72	42.457,20	2,72
Adubação Foliar	140,61	11.249,00	0,72
Fungicidas	806,77	64.541,67	4,14
Herbicidas	292,91	16.233,16	1,04
Inseticidas	169,40	13.551,80	0,87
Tratamento de sementes	344,77	27.501,36	1,77
Aluguel de Câmaras	75,00	6.000,00	0,39
Assistência Técnica	225,00	18.000,00	1,16
Combustíveis e Lubrificantes	547,11	43.769,11	2,81
Depreciação	291,22	23.927,23	1,49
Despesas Administrativas	1.788,21	143.056,86	9,18
Despesas Diversas	155,45	12.435,89	0,80
Embalagens	1.153,48	92.278,00	5,92
Fitilhos	27,93	2.234,16	0,14
Fretes	851,10	68.087,75	4,37
ICMS	632,92	50.633,75	3,25
Mão-de-obra	9.100,41	728.032,75	46,72
Máquinas	249,01	19.921,05	1,28
Máquinas de Terceiros	41,56	3.325,00	0,21
Seguros	136,85	10.948,22	0,70
Taquaras	50,85	4.068,00	0,26
Veículos	128,24	10.259,07	0,66
Total		**1.558.343,21**	**100,00**

Fonte: MOROZINI, João Francisco et al. A viabilidade econômica do plantio do alho. **Anais do Congresso Brasileiro de Custos – ABC,** Florianópolis, 2005, p. 10. Disponível em: https://anaiscbc.emnuvens.com.br/anais/article/view/1910. Acesso em: 25 ago. 2021.

Guardadas as devidas ressalvas, visto se tratar de região e período diferente da realização da presente pesquisa, há de se observar o quanto a mão-de-obra é um custo considerável para o desenvolvimento da atividade, visto que, representa o maior gasto, totalizando, mais especificamente, 46,72% de todo o custo despendido para a produção de 1 (um) hectare de alho.

Em entrevista realizada, fora relatado que a atividade gera direta e indiretamente, mais ou menos, de 8 (oito) a 10 (dez) postos de trabalho por hectare plantado, sendo que, atualmente, são plantados cerca de 16 (dezesseis) mil hectares no Brasil, gerando-se, em média, 160 (cento e sessenta) mil postos de trabalho.

Perguntado quanto ao volume de empregos gerados diretamente, o entrevistado afirmou que não possui o levantamento exato, mas que são gerados em torno de 4 a 5 empregos por hectare plantado, o que demonstra tratar-se de cultura extremamente artesanal e justificando a necessidade de uma gestão precisa da mão-de-obra em virtude da sua representatividade perante o custo da atividade.

Ponto de destaque nos dados coletados, também, é a quantidade de hectares cultivados pelos "Grupos", fora mencionado na entrevista com o presidente da AMIPA a seguinte circunstância:

> [...] **A administração, a gestão mais profissionalizada e no caso do alho especificamente, o Alho pra ter uma produtividade, Ele (Produtor Rural) tem que pegar e ter uma área menor.**
>
> **Ele forma talvez, isso é o que acontece aqui, acontece em São Gotardo, ele forma outro grupo com outra gestão separada para se ter ganhos nessa parte de produtividade, não se pensando em ganhos tributários, neste caso, mas pensando na produção, produtividade, qualidade do produto, na gestão, o que envolve muita gente**, o alho é uma cultura, que como você sabe, você é produtor, envolve muitas pessoas, é uma cultura que demanda um... São muitos detalhes na verdade

> né?! **E há um afinamento desses detalhes quando se tem uma gestão dividida.** (grifos nossos)

Se por um lado verificou-se uma pluralidade incomum de sócios, por outro verifica-se, também, a diminuída área de plantio, que restou confirmada pela pesquisa elencada em questionário junto aos integrantes da AMIPA, em que as áreas cultivadas são em sua maioria limitadas à 100 hectares – 63,6% (sessenta e três virgula seis por cento, sendo 54,5% (cinquenta e quatro vírgula cinco por cento) – de 51 (cinquenta e um) a 100 (cem) hectares e 9,1% até 50 (cinquenta) hectares), uma área pequena – principalmente levando-se em conta a quantidade de membros relatada, veja-se:

Gráfico 4 Tamanho da área da produção de alho referente a 2020.

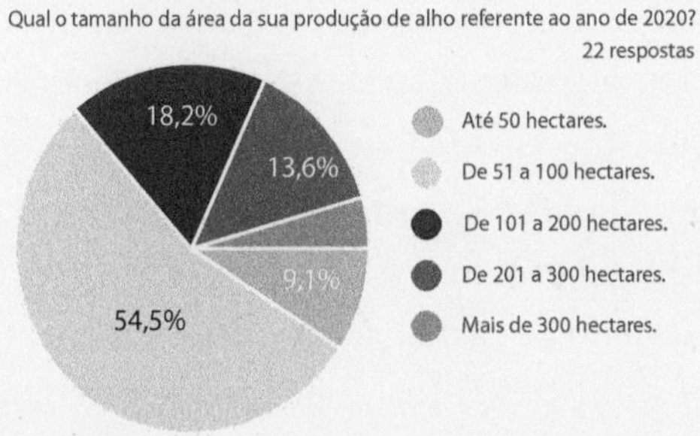

Fonte: Elaboração pelo autor.

Identificou-se que as áreas diminutas e pluralidade de sócios têm relação direta com o alto custo da produção, além do acompanhamento da produtividade e qualidade do produto, por um lado, devido a especialização de cada membro e, por outro, pela necessidade de gestão de uma grande quantidade de mão-de-obra.

A pluralidade de sócios também foi determinante quando se trata do levantamento de capital para desenvolvimento da atividade, quando perguntado se a quantidade de sócios pessoa física interferia na captação de crédito para o cultivo do alho, foi mencionado:

> **[...] No caso de quando é pessoa física, porque que impede um pouco do crédito... porque o limite da PJ é um só, então ele é restrito a um valor determinado e como a cultura exige um montante muito grande de financiamento, as pessoas preferem a pessoa física, porque eles podem tirar o financiamento em cada CPF. [...] Por isso o pessoal prefere mais a pessoa física em caso de crédito. Ele pode tomar, igual você falou aí, o crédito em vários CPF's. Ao passo que na PJ, ele teria acesso a um limite só.** (grifos nossos)

Nesse ínterim, observa-se que a estruturação por meio da reunião do "Grupo" de produtores na utilização da própria pessoa física, também é feita para que se obtenha crédito suficiente para que a atividade seja exercida. Como se verificou, o custo atual por Hectare plantado se aproxima de R$ 165.000,00 (cento e sessenta e cinco mil reais), o que demanda uma alta captação de recursos recursos advindos de fontes diferentes – os CPF's dos vários sócios.

A título de comparação, para demonstrar a quão dispendiosa é a cultura do alho, faz-se um paralelo com outra cultura usual no Brasil, o milho. Segundo a Associação dos Produtores de Soja (APROSOJA), o custo de produção do milho no ano de 2020 foi de R$ 3.311,34 (três mil trezentos e onze reais e trinta e quatro reais) por hectare plantado,[152] ou seja, 49,82 (quarenta e nove vírgula oitenta e duas) vezes menor que o custo para se produzir 1 (hum) único hectare de alho.

Levando-se em conta a soja, o Centro de Socioeconomia e Planejamento Agrícola (CEPA) afirma que no ano de 2021, o custo estimado para o plantio de um hectare de soja foi de R$ 4.390,34 (quatro mil trezentos e noventa reais e trinta e quatro centavos),[153]

---

[152] APROSOJA. *Associação dos Produtores de Soja*. Disponível em: https://aprosojabrasil.com.br/. Acesso em: 14 out. 2021.

[153] CEPA. *Centro de Socioeconomia e Planejamento Agrícola*. Disponível em: https://cepa.epagri.sc.gov.br/. Acesso em: 14 out. 2021.

ou seja, 37,58 (trinta e sete vírgula cinquenta e oito) vezes menor que o custo para se produzir a mesma faixa territorial de alho.

A explanação feita pelo entrevistado quanto ao crédito, corresponde ao que foi identificado no questionário, tendo em vista que os produtores rurais de alho dependem, majoritariamente, do crédito subsidiado fornecido pelos entes estatais. Conforme foi constatado, 81,8% dos respondentes dos questionários relataram que utilizam linhas de crédito, veja-se:

Gráfico 5 Dependência de crédito subsidiado fornecido pelos entes estatais, pelos produtores rurais de alho.

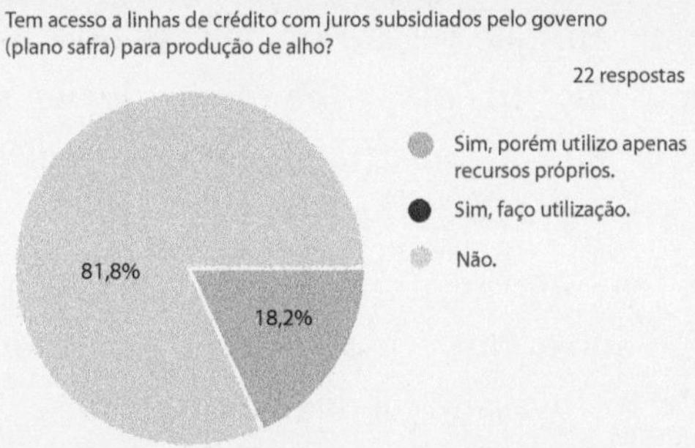

Fonte: Elaboração pelo autor.

Portanto, a partir dos dados analisados observou-se que os "Grupos" têm as seguintes características:

a) Grande quantidade de componentes, no ínterim de que cada um possa desenvolver uma atividade específica e trazer benefícios ao conjunto;

b) Alto custo de produção, com consequente necessidade da utilização do nome dos sócios para captação de crédito e movimentação da atividade e;

c) Áreas menores no intuito de possuir uma análise próxima que interfere diretamente na produtividade e qualidade do produto que será comercializado;

d) Alto número de colaboradores, por se tratar de uma produção, ainda, extremamente artesanal.

4.4 Das peculiaridades do grupo agrícola identificadas

Os "Grupos" possuem diversas características que advém da atividade econômica desenvolvida, como foi observado no tópico *retro.* Contudo, a análise dos dados e informações advindas da pesquisa, reflete as soluções encontradas pelos "Grupos" para o desenvolvimento das suas atividades.

Ponto que merece destaque, é a forma que se dá o registro da existência da sociedade dos produtores rurais. No questionário distribuído entre os componentes da AMIPA, 77,3% dos respondentes afirmaram que registram seus contratos no cartório. Tal resposta deu, inicialmente, a impressão de que o registro em Cartório se daria para a constituição de uma sociedade simples, nos termos do art. 997 e seguintes do CC.

Contudo, em entrevista realizada com o presidente da AMIPA, perguntado sobre o motivo do registro do contrato de sociedade no Cartório, assim foi dada a resposta:

> Eu na verdade não tenho esse conhecimento... o motivo certo. **Mas, igual é o nosso caso, também é registrado, acredito que primeiramente para dar a segurança para os sócios, né? Sei que esse contrato tem um registro em cartório.** Ele dá publicidade ao condomínio e esses condomínios mesmo ao condomínio e também ele é considerado... Mesmo sendo pessoa física – no CEI – ele é considerado uma personalidade jurídica. **Creio eu que deve ser por esse motivo, para dar uma segurança do sócio.** Esse registro em cartório desse condomínio. (grifos nossos)

Com a análise isolada do questionário, havia a interpretação de que o contrato seria registrado em Cartório no intuito de que fosse constituída uma Sociedade Simples, com a obtenção do Cadastro Nacional de Pessoas Jurídicas (CNPJ), contudo, tal hipótese não se confirmou, visto que o próprio entrevistado menciona que possui uma Pessoa Jurídica em apartado, ou seja, registrada junto à Junta Comercial para o planejamento tributário, e que, ainda assim, a atividade é majoritariamente desenvolvida no CPF dos sócios, até mesmo pelo acesso ao crédito, conforme retro demonstrado.

A partir de tal análise, é possível concluir que, diferentemente do que se supunha em análise isolada do questionário, não há uma sociedade simples de produtores rurais, mas, sim, uma sociedade em comum de produtores rurais, que faz o registro de seus atos constitutivos no intuito de dar publicidade a existência da sociedade.

Fato digno de destaque, é que a sociedade em comum de produtores rurais de alho registrada em cartório tem uma grande quantidade de sócios e em virtude das diversas peculiaridades da sua atividade, possui toda uma estrutura de administração e tomada de decisões semelhante às Pessoas Jurídicas, segundo esclarecido pelo Presidente da AMIPA – entrevistado:

> **Mesmo o condomínio, ele sendo uma pessoa física, ele tem a administração, como se fosse uma pessoa jurídica, né?!** Vou te dar exemplo de um grupo aqui, o Grupo [NOME DO GRUPO].
>
> **Ele tem um presidente do conselho, tem um diretor financeiro, o administrativo e o presidente do grupo. As decisões são tomadas em conjunto. As decisões maiores, né?!** O dia a dia operacional é gerencial, mas quanto a gestão de investimentos de área plantada, é como se fosse uma PJ, mesmo sendo uma pessoa física. (grifos nossos)

E perguntado se há uma Assembleia para votação o entrevistado complementou: "[...] **Isso, Assembleia com os sócios e dentro da Assembleia, elege-se um conselho, o conselho de administração** (grifos nossos).

Ou seja, o que se observa é a existência de uma estrutura extremamente profissionalizada e complexa – composta por diversos sócios – mas que ainda tem a forma mais rudimentar prevista pelo ordenamento brasileiro, a sociedade em comum despersonificada.

Levando-se em consideração os números passados pelo entrevistado, observa-se que em Minas Gerais foram plantados cerca de 8.000 (oito mil) hectares de alho, somente no ano de 2021, a um custo médio de R$ 165.000,00 (cento e sessenta e cinco mil reais), o que totaliza um valor de R$ 1.320.000.000,00 (um bilhão e trezentos e vinte milhões de reais) de custo médio.

Ressalte-se que o valor referente representa, tão somente o custo, não as receitas totais movimentadas pelo setor. Fato digno de observação, é um montante desses ser movimentado majoritamente em uma estrutura societária despersonificada, segundo a própria coleta de dados, para o financiamento e desenvolvimento da atividade de cultivo do alho.

4.5 Dos desafios dos "grupos" de produtores rurais

4.5.1 Da influência dos aspectos societários na consecução do crédito rural

O desenvolvimento da atividade de plantio de alho pelos produtores da AMIPA possui diversas peculiaridades em relação às atividades empresariais urbanas. A princípio, pode-se destacar a opção pela utilização da sociedade em comum de produtores rurais com atos registrados em Cartório de Registro Civil de Pessoas Jurídicas para dar publicidade a existência da sociedade, e não para constituição de Personalidade Jurídica.

Como se viu, o custo por hectare de alho é de aproximadamente R$ 165.000,00 (cento e sessenta e cinco mil reais), valor muito superior ao custo de produção de milho (R$ 3.311,34) e soja (R$ 4.390,34). Tendo em vista o alto valor, tem-se uma perspectiva da necessidade de captação de crédito do produtor rural.

Em virtude do alto valor de investimento, ocorre a formação de grupos que operam na pessoa física, pois, nas palavras do Entrevistado:

> [...] o pessoal prefere mais a pessoa física em caso de crédito. Ele pode tomar, igual você falou aí, o crédito em vários CPF's. Ao passo que na PJ ele teria acesso a um limite só.

Portanto, a formatação dos "Grupos" em sociedade em comum de produtores rurais (despersonalizadas) tem o intuito de auxiliar na captação do crédito, por meio da utilização do limite dos vários sócios. Tal premissa resta confirmada na medida em que 100% (cem por cento) dos membros da AMIPA que responderam o questionário, afirmaram ter acesso a linhas de crédito do plano safra e 81,8% (oitenta e um vírgula oito por cento) a utilizam para movimentar sua atividade.

Destaque-se que apenas 18,2% (dezoito vírgula dois por cento) dos respondentes movimentam toda a atividade com recursos próprios. Sendo assim, o que se observa é que a formulação da sociedade em comum (sem personalidade jurídica) tem um peso decisivo no desenvolvimento da atividade do cultivo do alho, afinal, o alto custo do empreendimento e complexidade, incentivam a formação de sociedades com o propósito de desenvolver a atividade.

Nesse ínterim, verifica-se que a captação é feita no nome de alguns sócios e os recursos são destinados a conta do "Grupo", segundo o entrevistado:

> Quando você capta o dinheiro no banco, na instituição bancária, você já tem um projeto. **Aquele projeto vai destinar para aquela conta, a conta destinada, que é do grupo, a conta bancária, "conta X" e os avais são, geralmente, sócios do grupo, fazem parte desse grupo...** no caso. Então nesse caso o dinheiro, especificamente ,vai pro financeiro... que os grupos geralmente têm um financeiro organizado, **um departamento financeiro controla o dinheiro... libera o financiamento, já vai pra conta, aquela conta especial do grupo. Geralmente as contas são duas assinaturas, né? Nunca a assinatura de uma**

> **pessoa só, então há uma série de controles ai que não deixa a pessoa ir lá no banco captar.** (grifos nossos)

Quando o recurso é levantado em nome de algum dos sócios com destinação à atividade conjunta, há um ostensivo controle do recurso, que é direcionado para uma conta apartada – do Grupo em si. Ponto interessante mencionado pelo entrevistado é o fato dos avais serem membros da sociedade em comum, ou seja, o recurso é levantado em nome de um dos sócios para abastecer a coletividade, contudo, alguns dos sócios, para viabilizar a operação, são avalistas.

Tal fato não acontece se a captação de recursos ocorre para destinação a empreendimentos particulares, conforme informado pelo entrevistado:

> [...] **a não ser que, como pessoa física, faz a captação do recurso pra ele próprio, ele mesmo arruma um aval e não tem ligação**, quando é ligação do Grupo, o dinheiro vai pra aquela conta amarrada do grupo. (grifos nossos)

Portanto, a formatação societária facilita, também, a obtenção de crédito em maior volume, na medida em que existem mais garantias para a instituição financeira, como avalistas que podem, inclusive, serem escolhidos dentre os componentes do "Grupo" formatado.

E a palavra "escolhidos" parece a melhor a ser apresentada, afinal, não é possível que todos os sócios do "Grupo" – quando possui uma quantidade maior de componentes – sejam avalistas da operação, por isso a necessidade de um contrato em apartado para comprovação da existência da sociedade:

> [...] No nosso caso especificamente, quando nós captamos os recursos do [NOME DO GRUPO], **não tem como o banco colocar 30 avais no contrato... ai o que que se fazia, um contrato entre os sócios...** Não sei te falar juridicamente como chama o contrato...

> [...]
>
> Isso, de solidariedade né? Não sei como chama especificamente, **onde reza que aquela dívida, o valor "x" pertence ao grupo e todos assinavam nesse contrato, inclusive as esposas.** (grifos nossos)

Portanto, a formatação dos "Grupos" se dá tanto pelo volume de crédito que pode ser levantado – devido a quantidade de limites disponibilizados pelos sócios pessoa física –, assim como pela viabilização desse crédito mediante a operacionalização de garantias para as instituições financeiras.

4.5.2 Da responsabilidade ilimitada dos sócios "cabeça"

O plantio de alho pelos "Grupos", como foi observado durante o trabalho, utiliza o cadastro do sócio para obtenção de recursos para a coletividade, mediante o aval de outros sócios do mesmo "Grupo", ainda que não seja o aval de todos os componentes.

Ocorre que a formatação da sociedade em comum de produtores rurais que permite o levantamento de recursos de várias "fontes/sócios", não traz a proteção por meio do manto da personalidade jurídica, podendo, os sócios, responderem ilimitadamente com seu patrimônio pessoal.

As precauções tomadas pelos "Grupos" são colocar outros sócios como aval da dívida e promover o registro do ato constitutivo do "Grupo" no Cartório de Registro Civil de Pessoas Jurídicas no intuito de dar publicidade da existência da sociedade elencada com o propósito específico de plantio do alho.

Um dos desafios/preocupações expressados por 13,6% (treze vírgula seis por cento) dos produtores rurais da AMIPA que responderam o questionário, foi exatamente esse: O uso de apenas um ou alguns dos sócios para levantamento de recursos para coletividade e, em caso de inadimplemento, a responsabilização individual do "Sócio Cabeça".

Aqui, utilizar-se-á a expressão "Sócio Cabeça" para definir aquele sócio que toma responsabilidades para a coletividade com a utilização de seu patrimônio particular como garantia.

Ou seja, a ausência de personalidade jurídica trazida como solução para o "Grupos", na medida em que diversifica as fontes de captação de recursos a partir de diversos sócios, também acarreta uma responsabilidade excessiva em relação ao "Sócio Cabeça" que empresta seu limite de crédito ao "Grupo" e pode ser responsabilizado em caso de inadimplemento no pagamento do crédito retirado.

4.5.3 Da utilização de nome de apenas um sócio como proprietário de maquinário

A ausência de personalidade jurídica, como mencionado anteriormente, é uma solução para a captação de crédito para atividade, a partir da diversificação de fontes, contudo, no que se trata da compra de maquinários para o desenvolvimento da atividade, se torna uma preocupação para 27,3% (vinte e sete vírgula três por cento) dos respondentes do questionário.

O maquinário pode passar por financiamentos amplos – 5 (cinco) anos, por exemplo – e, como se viu, os financiamentos são realizados no nome de um dos membros do "Grupo", mediante a ausência de personalidade jurídica. Sendo assim, o bem financiado fica formalmente sob a propriedade de um dos sócios, porém, é pago com recursos da coletividade.

Perguntado sobre o tema, o Entrevistado descreveu como é realizado o tratamento da questão:

> Na pessoa física essa parte de bens é mais complicada e inclusive hoje eu tô resolvendo esse meu sócio, que eu tenho uma empresa onde também **tem bens financiados no meu nome e não pertence só a mim, mas também ao**

> **meu sócio, como também o financiamento dele próprio. Estamos fazendo contratos a partes onde todos assinam, as esposas assinam, dando ciência tanto do bem... e esse contrato geralmente a gente registra no cartório de títulos e documentos**. (grifos nossos)

Ou seja, são realizados contratos, com seu devido registro, dando ciência de que o bem está em condomínio, ainda que financiado. Em decorrência dessa situação, é possível pensar em duas hipóteses que certamente preocupam o produtor pertencente ao "Grupo".

Na primeira, um dos sócios oferece o nome para o financiamento de um maquinário (trator) e as parcelas não são pagas, acarretando a negativação do seu nome, restrição de crédito e responsabilização pessoal pela dívida coletiva.

Na segunda, um dos sócios oferece o nome para o financiamento do maquinário (trator) que é integralmente pago, mas está no seu nome e não no da coletividade, podendo, em caso de má-fé, acarretar um grande prejuízo ao "Grupo" em caso de venda pelo "Sócio cabeça" a um terceiro.

Novamente, o que se verifica é que o problema decorre da necessidade de captação de crédito que advém da sociedade em comum de produtores rurais, que não traz a estrutura de personalidade jurídica e causa uma confusão patrimonial entre os sócios.

4.5.4 Dificuldade de tomada de decisão em virtude da quantidade de sócios e Dificuldade de captação de recursos dentro dos prazos fixados pela sociedade

Em análise dos dados obtidos, 27,3% (vinte e sete vírgula três por cento) dos respondentes do questionário afirmaram que vivenciam a dificuldade nos seus "Grupos" de captação de recursos nos prazos fixados pela sociedade e 22,7% (vinte e dois vírgula sete por cento) afirmam que enfrentam a dificuldade de tomada de decisões na sociedade em virtude da quantidade de sócios.

Uma das causas, aparentemente, está ligada a outra. O próprio entrevistado relata a dificuldade em gerir os "Grupos":

> [...] **Quando são muitas pessoas tomando decisões acaba talvez travando o crescimento do próprio grupo, porque são ideias diferentes, pensamentos diferentes.** Então isso, acontece, a pessoa que está na frente do grupo num caso que eu conheço, são todos amigos aqui né. Eles sofrem muito com isso porque [00:23:30.00] quando o negócio dá certo: Parabéns. Quando dá errado: a culpa é sua. Errada. Então há um desgaste sim. (grifos nossos)

Menção que merece destaque é o fato de que, mesmo sendo uma sociedade em comum de produtores rurais, há uma profissionalização para tomada de decisões, em virtude da quantidade de pessoas, vez que, como verificado, foi necessário o desenvolvimento de um modelo que permitisse a continuidade de crescimento dos "Grupos", como a implementação de Assembleias e Conselhos de Administração:

> **Flávio:** Mesmo o condomínio, ele sendo uma pessoa física, ele tem a administração como se fosse uma pessoa jurídica, né?! Vou te dar exemplo de um grupo aqui, o Grupo [NOME DO GRUPO].
>
> Ele tem um presidente do conselho, tem um diretor financeiro, o administrativo e o presidente do grupo. As decisões são tomadas em conjunto. As decisões maiores, né?! O dia a dia operacional é gerencial, mas quanto a gestão de investimentos de área plantada, é como se fosse uma PJ, mesmo sendo uma pessoa física.
>
> **Luis:** Tem realmente uma assembleia para votação? Com os sócios...
>
> **Flávio:** Isso, Assembleia com os sócios e dentro da Assembleia elege-se um conselho, o conselho de administração.

Ou seja, ainda que formatada sob uma estrutura extremamente simples, como a sociedade em comum, os "Grupos Maiores", segundo o próprio entrevistado, já amadureceram a ideia de como promover a administração com uma grande quantidade de sócios, fato que ainda é um grande empecilho, com necessidade de amadurecimento por parte de outros "Grupos", como no caso da organização para tomada de decisões, inclusive, no que se refere a captação de recursos para o desenvolvimento da atividade.

5

CONSIDERAÇÕES FINAIS

Os "Grupos" agrícolas de produtores de alho do Estado de Minas Gerais, como se vê, possuem uma estrutura extremamente peculiar no que concerne ao aspecto societário, vez que, apesar de registrarem seus atos constitutivos no Cartório de Registro de Títulos e Documentos e Civil de Pessoas Jurídicas, não constituem uma Sociedade Simples, com a manutenção da sua atuação na pessoa física, sem a constituição de personalidade jurídica.

Nesse ponto, verifica-se que a legislação ainda não dispõe de um conceito expresso que albergue o "Grupo" agrícola em pauta, vez que a definição de "Condomínio" e "Consórcio", trazida pelo Decreto n. 3.993 de 2001, se refere expressamente a Agricultura Familiar, a qual os "Grupos" não estão enquadrados, em especial pela quantidade de mão de obra empregada na atividade.

Conclui-se, que a formação das sociedades em comum de produtores rurais pessoa física, se dá propositalmente, visando a captação de recursos financeiros para o desenvolvimento da atividade, com utilização dos limites de créditos de vários dos sócios e, ainda, a possibilidade da viabilização de crédito pela instituição a partir do aval de demais membros.

Para os produtores de Alho, a personalidade jurídica é um entrave para o desenvolvimento da atividade, vez que, limita a consecução de crédito apenas ao ente personalizado, o que, em uma atividade que tem um custo de aproximadamente R$ 165.000,00 (cento e sessenta e cinco mil reais) por hectare, pode não ser o suficiente.

A formação dos "Grupos" despersonificados, evidencia uma distorção de institutos jurídicos, que visa o fomento da atividade econômica e em contrapartida expõe o patrimônio pessoal dos sócios.

O que ser observa é que os mecanismos de crédito existentes para o desenvolvimento da atividade, vão de encontro às estruturas empresariais e promovem a formação de estruturas anômalas para o desenvolvimento da atividade rural – o plantio de alho, no caso do presente estudo.

Na prática, o sistema de crédito, ao não fornecer limite suficiente ao ente personalizado, promove a formação de sociedades em comum de produtores rurais com a responsabilização pessoal do patrimônio e pulverização do risco de inadimplência e prejuízo, vez que, não tem apenas um responsável, mas vários, ofertando seu patrimônio pessoal em garantia das operações contratadas pelo "Grupo" agrícola.

A escassez de crédito fornecida ao ente personalizado, fez com que os produtores rurais de alho pessoa física de Minas Gerais, mesmo com toda a informação relativa aos aspectos societários e de responsabilização previstos na legislação, criassem um sistema próprio para que fosse viabilizado o desenvolvimento da sua atividade que, ressalte-se, é extremamente onerosa e arriscada.

Como se viu a produção de alho mineiro movimenta valores consideráveis -segundo números passados pelo próprio Entrevistado, em Minas Gerais foram plantados cerca de 8.000 (oito mil) hectares de alho no ano de 2021, a um custo médio de

R$ 165.000,00, o que totaliza o montante de R$ 1.320.000.000,00 (um bilhão e trezentos e vinte milhões de reais) de custo médio.

Apesar de adotarem a forma mais embrionária de organização prevista na nossa legislação, a sociedade em comum. Os "Grupos" agrícolas possuem toda uma estrutura administrativa extremamente organizada e em alguns deles, a estruturação de procedimentos de tomada de decisão se aproxima das estruturas encontradas nas Pessoas Jurídicas.

Portanto, o que se observa da pesquisa elencada no presente trabalho, é que os produtores de alho pessoa física de Minas Gerais formatam sociedades despersonificadas, no intuito de viabilizar o desenvolvimento da sua atividade, por meio de atração de crédito, com a utilização dos "CPF's" de seus componentes.

Por outro lado, na medida em que a ausência de personalidade jurídica acaba sendo um ponto essencial para viabilizar o desenvolvimento da atividade, também é a causa de outros problemas que são destacados pelos produtores, como a responsabilização pessoal dos sócios em caso de inadimplemento de pagamento no crédito captado em nome do grupo, a insegurança jurídica quanto ao financiamento do maquinário, que fica no nome de apenas um dos sócios e, também, a falta de uma estrutura formal de tomada de decisões, que dificulta a administração dos interesses dos sócios.

REFERÊNCIAS

ALMEIDA, Paulo Guilherme de. Critério para a definição de Imóvel Rural. *Revista de direito civil, imobiliário, agrário e empresarial*, v. 10, n. 36, p. 101-106, abr./jun. 1986. p. 102. Disponível em: https://www.lexml.gov.br/urn/urn:lex:br:rede.virtual.bibliotecas:artigo.revista:1986;1000430076. Acesso em: 25 ago. 2021.

AMIPA. *Associação Mineira dos Produtores de Alho*. Disponível em: https://amipa.com.br/inicio. Acesso em: 14 out. 2021.

APROSOJA. *Associação dos Produtores de Soja*. Disponível em: https://aprosojabrasil.com.br/. Acesso em: 14 out. 2021.

ARPEN Brasil. Associação Nacional dos Registradores de Pessoas Naturais. Portal da Transparência. *Especial COVID*. Disponível em: https://transparencia.registrocivil.org.br/especial-covid. Acesso em: 18 ago. 2021.

BRASIL. *Decreto n. 3.000, de 26 de março de 1999*. Regulamenta a tributação, fiscalização, arrecadação e administração do Imposto sobre a Renda e Proventos de Qualquer Natureza. Disponível em: http://www.planalto.gov.br/ccivil_03/decreto/d3000.htm. Acesso em: 14 out. 2021.

______. *Decreto n. 3.993, de 30 de outubro de 2001*. Regulamenta o art. 95-A da Lei n. 4.504, de 30 de novembro de 1964, que institui o Programa de Arrendamento Rural para a Agricultura Familiar, e dá outras providências. Disponível em: http://www.planalto.gov.br/ccivil_03/decreto/2001/D3993.htm. Acesso em: 27 set. 2021.

______. *Decreto n. 9.580, de 22 de novembro de 2018*. Regulamenta a tributação, fiscalização, a arrecadação e a administração do Imposto sobre a Renda e Proventos de Qualquer Natureza. Brasília, DF, 2018. Disponível em: http://www.planalto.gov.br/ccivil_03/_Ato2015-2018/2018/Decreto/D9580.htm. Acesso em: 21 jun. 2021.

______. *Decreto n.* 55.891, de 31 de março de 1965. Regulamento o Capítulo I do Título I e a Seção III do Capítulo IV do Título II da Lei n. 4.504, de 30 de novembro de 1964 – Estatuto da Terra. Brasília, DF, 1965. Disponível em: http://www.planalto.gov.br/ccivil_03/decreto/1950-1969/D55891.htm. Acesso em: 21 jun. 2021.

______. *Decreto n. 73.626, de 12 de fevereiro de 1974*. Aprova Regulamento da Lei n. 5.889, de 8 de junho de 1973. Disponível em: https://www2.camara.leg.br/legin/fed/decret/1970-1979/decreto-73626-12-fevereiro-1974--422164-publicacaooriginal-1-pe.html. Acesso em: 21 jun. 2021.

______. *Instrução Normativa RFB n. 83, de 16 de outubro de 2001*. Dispõe sobre a tributação dos resultados da atividade rural das pessoas físicas. Disponível em: http://normas.receita.fazenda.gov.br/sijut2consulta/link.action?visao=anotado&idAto=14387. Acesso em: 29 set. 2021.

______. *Instrução Normativa RFB n. 971, de 13 de novembro de 2009*. Dispõe sobre normas gerais de tributação previdenciária e de arrecadação das contribuições sociais destinadas à Previdência Social e as destinadas a outras entidades ou fundos, administradas pela Secretaria da Receita Federal do Brasil (RFB). Disponível em: http://normas.receita.fazenda.gov.br/sijut2consulta/link.action?idAto=15937. Acesso em: 25 ago. 2021.

______. *Lei n. 4.504, de 30 de novembro de 1964*. Dispõe sobre o Estatuto da Terra, e dá outras providências. Brasília, DF, 1964. Disponível em: http://www.planalto.gov.br/ccivil_03/leis/l4504.htm. Acesso em: 21 jun. 2021.

______. *Lei n.* 5.889, de 8 de junho de 1973. Estatui normas reguladoras do trabalho rural. Brasília, DF, 1973. Disponível em: http://www.planalto.gov.br/ccivil_03/leis/l5889.htm. Acesso em: 21 jun. 2021.

______. *Lei n. 6.404, de 15 de dezembro de 1976*. Dispõe sobre as Sociedades por Ações. Disponível em: http://www.planalto.gov.br/ccivil_03/leis/l6404consol.htm. Acesso em: 30 set. 2021.

______. *Lei n. 8.023, de 12 de abril de 1990*. Altera a legislação do Imposto de Renda sobre o resultado da atividade rural, e dá outras providências. Brasília, DF, 1990. Disponível em: http://www.planalto.gov.br/ccivil_03/leis/l8023.htm. Acesso em: 21 jun. 2021.

______. *Lei n. 10.406, de 10 de janeiro de 2002.* Institui o Código Civil. Brasília, DF, 2002. Disponível em: http://www.planalto.gov.br/ccivil_03/leis/2002/l10406compilada.htm. Acesso em: 21 jun. 2021.

______. *Lei n. 11.326 de 24 de julho de 2006.* Estabelece as diretrizes para a formulação da Política Nacional da Agricultura Familiar e Empreendimentos Familiares Rurais. Disponível em: http://www.planalto.gov.br/ccivil_03/_ato2004-2006/2006/lei/l11326.htm. Acesso em: 30 set. 2021.

______. *Medida Provisória n.* **2.183-56,** *de 24 de agosto de 2001.* Acresce e altera dispositivos do Decreto-Lei n. 3.365, de 21 de junho de 1941, das Leis ns. 4.504, de 30 de novembro de 1964, 8.177, de 1° de março de 1991, e 8.629, de 25 de fevereiro de 1993, e dá outras providências. Disponível em: http://www.planalto.gov.br/ccivil_03/mpv/2183-56.htm. Acesso em: 14 out. 2021.

______. STJ. *Resp. n. 1.800.032/MT.* Disponível em: https://scon.stj.jus.br/SCON/GetInteiroTeorDoAcordao?num_registro=201900504985&dt_publicacao=10/02/2020. Acesso em: 25 ago. 2021.

BUENO, Francisco da Godoy. Contratos Agrários: entre empresa agrária e empresa rural no Direito Positivo Brasileiro. *Revista de Direito Civil Contemporâneo,* v. 2, p. 157-176, 2015.

CEPA. *Centro de Socioeconomia e Planejamento Agrícola.* Disponível em: https://cepa.epagri.sc.gov.br/. Acesso em: 14 out. 2021.

CHIZZOTTI, Antonio. *Pesquisa em ciências humanas e sociais.* 7. ed. São Paulo: Cortez, 2005.

COELHO, Fábio Ulhoa. *Curso de direito comercial.* 16. ed. São Paulo: Saraiva, 2012.

______. *Manual de direito comercial:* direito de empresa. 28. ed. São Paulo: Revista dos Tribunais, 2016.

DE-MATTIA, Fábio Maria. Empresa Agrária e Estabelecimento Agrário. *Revista da Faculdade de Direito,* Universidade de São Paulo, v. 90, 1995.

DINIZ, Gustavo Saad. *Curso de direito comercial.* São Paulo: Atlas, 2019.

GIL, Antonio Carlos. *Métodos e Técnicas de Pesquisa Social.* 6. ed. São Paulo: Atlas, 2011.

HIRONAKA, Giselda Maria Fernandes Novaes. Atividade Extrativa. *Revista de direito civil, imobiliário, agrário e empresarial,* v. 9, n. 33, p. 67-83, jul./set. 1985.

INCRA. *Instituto Nacional de Colonização e Reforma Agrária.* Disponível em: https://www.gov.br/pt-br/orgaos/instituto-nacional-de-colonizacao-e-reforma-agraria. Acesso em: 14 out. 2021.

LOUBET, Leonardo Furtado. *Tributação federal no agronegócio*. 3. ed. São Paulo: Noeses, 2017.

MAMEDE, Gladston. *Direito societário:* sociedades simples e empresárias. 10. ed. São Paulo: Atlas, 2018.

MARQUES, Benedito Ferreira. *Direito agrário brasileiro*. 11. ed. São Paulo: Atlas, 2015.

MINAS GERAIS. Secretaria de Estado de Agricultura e Pecuária e Abastecimento de Minas Gerais. *Relatório Alho – nov./2021*. Belo Horizonte/MG, 2020. Disponível em: http://www.agricultura.mg.gov.br/. Acesso em: 14 out. 2021.

MONTEIRO FILHO, Carlos Edison do Rêgo; RENTERIA, Pablo (coautor). *Fundamentos do direito civil*. direitos reais. 2. ed. rev., atual., ampl. Rio de Janeiro: Forense, 2021, v. 5. E-book. (1 recurso online). ISBN 9788530992545. Disponível em: https://integrada.minhabiblioteca.com.br/books/9788530992545. Acesso em: 28 set. 2021.

MOROZINI, João Francisco et al. A viabilidade econômica do plantio do alho. *Anais do Congresso Brasileiro de Custos – ABC*, Florianópolis, 2005, p. 10. Disponível em: https://anaiscbc.emnuvens.com.br/anais/article/view/1910. Acesso em: 25 ago. 2021.

NEGRÃO, Ricardo. *Curso de direito comercial e de empresa*. 16. ed. São Paulo: Saraiva, 2019.

OPITZ, Silvia C. B. *Curso completo de direito agrário*. 11. ed. São Paulo: Saraiva, 2017.

PEREIRA, Caio Mário da Silva. *Instituições de direito civil*. 25. ed. Rio de Janeiro: Forense, 2017, v. 4, p. 174.

PEREIRA, Luiz Fernando; BARBOSA JUNIOR, Mauro Ribeiro. *Direito Aplicado ao Agronegócio*. Porto Alegre: SAGAH, 2018.

PIMENTA, Eduardo Goulart. *Direito societário*. Porto Alegre: Editora Fi, 2017.

______. *Direito, Economia e Recuperação de empresas*. Porto Alegre: FI, 2019.

PINHEIRO, Frederico Garcia. *Empresa Agrária:* Análise jurídica do principal instituto do Direito Agrário contemporâneo no Brasil. 2010, 218 f. Dissertação (Mestrado em Ciências Sociais Aplicadas – Direito) – Universidade Federal de Goiás, Goiânia, 2010. Disponível em: https://repositorio.bc.ufg.br/tede/handle/tde/1488. Acesso em: 25 ago. 2021.

RAMOS, André Luiz Santa Cruz. *Direito empresarial*. 10. ed. Rio de Janeiro: Forense, 2020, volume único.

SCAFF, Fernando Campos. *Aspectos fundamentais da empresa agrícola*. São Paulo: Malheiros, 1997.

SCALZILLI, João Pedro; TELLECHE, Rodrigo; SPINELLI, Luis Felipe. *Introdução ao Direito Empresarial*. Porto Alegre: Buqui, 2020.

SCHREIBER, Anderson et al. *Código Civil comentado* – doutrina e jurisprudência. Rio de Janeiro: Forense, 2019.

SEBRAE. *Roteiro para Registro de Sociedade SIMPLES*. Disponível em: https://www.sebrae.com.br/Sebrae/Portal%20Sebrae/UFs/PE/Anexos/ROTEIRO%20SOCIEDADE%20SIMPLES.pdf. Acesso em: 11 out. 2021.

SEFA. Secretaria de Estado de Fazenda. *Cadastro de Produtor Rural – Pessoa Física*. Disponível em: http://www.fazenda.mg.gov.br/empresas/Cadastro/produtor_rural/. Acesso em: 11 out. 2021.

SEVERINO, Antonio Joaquim. *Metodologia do trabalho científico*. 23. ed. São Paulo: Cortez, 2007.

SZTAJN, Rachel. *Teoria jurídica da empresa*. 2. ed. São Paulo: Atlas, 2010.

TARTUCE, Flávio. *Manual de direito civil*. 10. ed. rev, atual. Rio de Janeiro: Método, 2020, volume único, p. 1511. Disponível em: https://integrada.minhabiblioteca.com.br/books/9788530989040. Acesso em: 28 set. 2021.

TEIXEIRA, Tarcísio. A Organização da Empresa Rural e o seu Regime Jurídico. *Revista de Direito Empresarial*, v. 2, 2014, p. 22.

TELLECHEA, Rodrigo. *Autonomia Privada no Direito Societário*. São Paulo: Quartier Latin, 2016.

TENÓRIO, Igor. *Manual de Direito Agrário Brasileiro*. 2. ed. São Paulo: Editora Resenha Universitária, 1978.

TOMAZETTE, Marlon. *Curso de direito empresarial:* Teoria geral e direito societário. 8. ed. São Paulo: Atlas, 2017.

TRENTINI, Flavia. O novo conceito de Empresa. *Revista dos Tribunais*, v. 92, n. 813, p. 11-25, jul. 2003.

______; SARAIVA, Luciana de Andrade. Aspectos gerais da empresa rural e atividades conexas. *Revista de direito privado*, v. 5, p. 113-133, jan./mar. 2001.

WIENKE, Felipe Franz. A noção de agricultura familiar no direito brasileiro: uma conceituação em torno de elementos socioeconômicos e culturais. *JURIS*, Rio Grande, v. 27, n. 1, p. 225-245, 2017, p. 229. Disponível em: https://periodicos.furg.br/juris/article/view/6966. Acesso em: 14 out. 2021.

APÊNDICE A

TRANSCRIÇÃO DA ENTREVISTA REALIZADA COM O PRESIDENTE DA AMIPA

Luis: [00:00:02.90] Bem, bom dia gente. Hoje eu estou aqui com o Flávio Márcio Ferreira da Silva. Ele é o atual presidente da Associação Mineira dos produtores de alho e eu queria te agradecer Flávio, desde já, por disponibilizar esse tempo aqui para participar dessa entrevista comigo, para me ajudar a poder compreender melhor a situação dos produtores rurais de alho daqui de Minas Gerais.

O primeiro ponto que eu queria te perguntar é assim, qual é hoje a representatividade da produção de alho de Minas Gerais no aspecto nacional?

Flávio: [00:00:37.75] Bom dia Luis, tudo bem? Minas Gerais hoje nós temos uma área plantada em torno de 8 mil hectares de área, representando mais de 60 por cento da produção nacional... em todo Brasil.

Luis: [00:00:55.91] Legal, e Flávio, foi até uma informação [00:01:00.00] repassada pela própria AMIPA... atualmente a AMIPA é composta por 73 integrantes que são grupos agrícolas/condomínios agrícolas, né. Eu queria que você me falasse uma média de quantas pessoas mais ou menos fazem parte desses grupos. Sei que há uma variação, tem grupo que tem duas ou três pessoas, mas tem grupo que tem 30 por exemplo.

Flávio: [00:01:21.61] Luis é... Exatamente quantas pessoas eu não sei dizer, mas temos grupos de 42 [00:01:30.00] pessoas, grupos aí que envolvem quarenta e oito famílias. Temos grupos que envolvem trinta e duas famílias. Os maiores né!

E também temos grupos que são sociedades que não são familiares, então basicamente são... Teria que fazer um levantamento mais profundo de quantos grupos que envolveria cada pessoa... Quantas [00:02:00.00] pessoas por grupo.

Mas envolve um montante considerável de pessoas, haja vista que cada grupo, cada grupo familiar, tem três, quatro pessoas, é o casal e mais dois filhos. Ao todo, estão todos envolvidos nas atividades. Essa é a particularidade bem dizer de São Gotardo, né, é muito difícil ver isso a nível Brasil.

Luis: [00:02:30.65] São [00:02:30.00] condomínios produtores... deixa eu voltar ao questionário... depois a gente conversa sobre esse assunto.

E qual o motivo que você acha que os produtores rurais que atuam na AMIPA, eles atuam em grupos, que é igual você falou, é uma peculiaridade da nossa região por que você acha que isso acontece aqui e em especial com alho?

Flávio: [00:02:52.64] Na verdade já é uma cultura que não vem do alho, ela vem da cenoura. Isso já [00:03:00.00] atrás lá.

Principalmente pelo domínio da cultura japonesa na nossa região aqui, que já se fomentava para esses grupos. Esses grupos são formados porque se ganha força né, cada um na atividade, um é bom no campo, outro na parte financeira... é uma soma de forças e geralmente as famílias também se unem dentro da própria cooperativa [00:03:30.00] que até tem uma Cooperativa de grande porte que é a [Nome da Cooperativa], que está fomentando vários Grupos dentro da própria cooperativa para plantio... onde se ganha escala, né?! A administração, a gestão mais profissionalizada e no caso do alho especificamente, o Alho pra ter uma produtividade, Ele (Produtor Rural) [00:04:00.00] tem que pegar e ter uma área menor.

Ele forma talvez, isso é o que acontece aqui, acontece em São Gotardo, ele forma outro grupo, com outra gestão separada, para se ter ganhos nessa parte de produtividade, não se pensando em ganhos tributários, neste caso, mas pensando na produção, produtividade, qualidade do produto, na gestão, o que envolve muita [00:04:30.00] gente, o alho é uma cultura que, como você sabe, você é produtor, envolve muitas pessoas, é uma cultura que demanda um... São muitos detalhes na verdade, né?! E há um afinamento desses detalhes quando se tem uma gestão dividida.

Luis: [00:04:49.45] É como se fosse uma junção de pessoas, de especialistas, por exemplo, um agrônomo que sabe cuidar da terra uma pessoa que sabe gerir a fazenda e também os aspectos financeiros. E por isso tem essa reunião. [00:05:00.00] Pelo que entendi.

Flávio: [00:05:04.64] Essa é uma particularidade muito grande da nossa região aqui, que é essa formação de grupos, e vários grupos se formando e formam até hoje... as pessoas se unem porque a cultura... é uma cultura de valor agregado alto, alto custo... então a pessoa tem uma oportunidade de começar na atividade que sozinha é muito difícil começar.

Luis: [00:05:29.66] E era [00:05:30.00] até a próxima pergunta que eu ia te fazer Flávio, qual é em média, você não precisa abrir seu custo/ informação confidencial, mas qual é em média o custo de 1 hectare de alho?.

Flávio: [00:05:41.66] Nessa atual safra agora o custo estimado devido ao aumento de embalagens, papelão, caixa plástica e mão de obra, combustíveis energia elétrica, o custo estimado para se fechar esse ano agora gira em torno de 165 mil reais [00:06:00.00].

Luis: [00:06:00.50] Por hectare?

Flávio: [00:06:01.97] Por hectare.

Luis: [00:06:04.04] E até voltando agora na questão da mão de obra, Flávio. Você falou que é uma cultura que envolve muitas pessoas né. E eu queria te perguntar, em média quantos colaboradores por hectare se tem assim claro que é uma média tem alguns grupos que tem mais outros menos?

Flávio: [00:06:22.70] Na verdade até a ANAPA (Associação Nacional dos Produtores de Alho) fez esse levantamento... tem um levantamento que é feito dos trabalhadores diretos e indiretos [00:06:30.00] e a atividade que gera de 8 a 10 trabalhadores diretamente e indiretamente, que são envolvidos na atividade.

Quando fala indiretamente, são os vendedores, os caminhoneiros transportam, tá envolvida toda a cadeia produtiva do alho que gira em torno de 8 a 10 trabalhadores por hectare.

No Brasil nós temos uma área de 16 mil hectares, por volta de 15 [00:07:00.00] 16 mil hectares. Temos aí ligado à atividade 160 mil trabalhadores

Luis: [00:07:08.42] Direta e indiretamente né?

Flávio: [00:07:11.89] Isso.

Luis: [00:07:12.95] Diretamente você tem esse levantamento Flávio, ou não? Mais ou menos, não precisa ser certinho.

Flávio: [00:07:21.74] Em torno de 4 a 5 trabalhadores.

Luis: [00:07:23.66] Por hectare?

Flávio: [00:07:26.42] Eu não tenho esse levantamento correto não.

Luis: [00:07:28.43] É só pra ter uma noção mesmo [00:07:30.00]. Você mencionou Flávio, ainda não entrando na questão da PJ, ainda na questão do condomínio de pessoas físicas.

Como que funciona? Você falou que são vários grupos, com 40 pessoas, tem grupo que tem 30 pessoas... como funciona o processo de tomada de decisão nesses grupos normalmente quando é a relação da pessoa física e esses condomínios.

Flávio: [00:07:57.35] Mesmo o condomínio, ele sendo uma pessoa física, ele tem a administração como se fosse uma [00:08:00.00] pessoa jurídica, né?! Vou te dar exemplo de um grupo aqui, o Grupo [Nome de um Grupo].

Ele tem um presidente do conselho, tem um diretor financeiro, o administrativo e o presidente do grupo. As decisões são tomadas em conjunto. As decisões maiores, né?! O dia a dia operacional é gerencial, mas quanto a gestão de investimentos de [00:08:30.00] área plantada é como se fosse uma PJ, mesmo sendo uma pessoa física.

Luis: [00:08:35.52] Tem realmente uma assembleia para votação? Com os sócios...

Flávio: [00:08:38.38] Isso, Assembleia com os sócios e dentro da Assembleia elege-se um conselho, o conselho de administração.

Luis: [00:08:48.44] E Flávio, é até um ponto que eu queria te perguntar. No questionário que eu fiz junto com os integrantes da AMIPA, eles falaram que eles registram o contrato no cartório, 77 vírgula oito por cento no [00:09:00.00] cartório. Só que eles não constituem no CNPJ, eu entendi isso.

E apesar disso eles têm uma pessoa jurídica, no caso a PJ, que é registrada na Junta Comercial e aí que é um aspecto interessante. Eu queria saber como é a divisão do faturamento entre essa pessoa jurídica e o esse condomínio de pessoas físicas que eles são consorciados como se fossem.

Flávio: [00:09:27.93] Alguns condomínios de pessoa física [00:09:30.00] e jurídica. Eles não detêm a posse terras, eles são arrendatários. Aí há uma divisão tributária, agora quando o produtor é proprietário da terra...

O que geralmente foi feito em São Gotardo, por vários grupos, eles passaram essas terras, esses imóveis para a PJ e a atividade é movimentada na [00:10:00.00] pessoa física porque... devido as questões tributárias, porque só na PJ a carga tributária é alta, né?!

Geralmente, pelo estado da Terra, né? Você conhece. É pago o arrendamento da terra pela pessoa física à PJ, é uma... Uma transferência de produto para essa PJ [00:10:30.00] e a PJ emite a nota fiscal criando uma, não é elisão, não é sonegação é planejamento tributário. Grande parte disso aí também se deu em razão da sucessão familiar nas PJ bem mais simples do que na pessoa física. São vários [00:11:00.00] grupos que transferiram essas propriedades e há também empresas compradoras do produto. No caso específico do alho, que também tem necessidade de comprar alho de PJ devido à questão tributária.

Luis: [00:11:19.57] Então facilita até a comercialização do alho, no caso.

Flávio: [00:11:22.99] Sim até empresas hoje empresas compradoras do Estado que preferem comprar, eles [00:11:30.00] têm preferência por comprar o alho da PJ. Então assim, depende muito do regime que o produtor tá, geralmente no lucro presumido a carga tributária elevada pessoa física, mas acaba a compensando porque tá embutido o FUNRUAL. Não é tão oneroso.

Luis: [00:12:07.66] Entendi, e Flávio, eu verifiquei no questionário que os produtores rurais registram os condomínios no cartório no Cartório de Pessoas Jurídicas. Por que que eles registram ele no Cartório?

Flávio: [00:12:21.96] Eu na verdade não tenho esse conhecimento... o motivo certo. Mas igual é o nosso caso, também é registrado, acredito que [00:12:30.00] primeiramente para dar a segurança para os sócios né? Sei que esse contrato tem um registro em cartório. Ele dá publicidade ao condomínio e esses condomínios mesmo ao condomínio e também ele é considerado... Mesmo sendo pessoa física – no CEI – ele é considerado uma personalidade jurídica. Creio eu que deve ser por esse motivo para dar uma segurança do sócio. [00:13:00.00] Esse registro em cartório desse condomínio.

Luis: [00:13:02.52] E Flávio já entrando um pouquinho mais nessa questão da pessoa física. Como você disse, eles, inicialmente, preferem atuar na pessoa física.

Você entende que isso tem algum fundamento. Por exemplo, para a captação de crédito? É mais fácil captar crédito estando na pessoa física em razão dos custeios, dos juros subsidiados pelo governo ou pelas questões tributárias, você já falou que tem, [00:13:30.00] pela questão da gestão também e pelo custo.

Você acha que tem alguma interferência em atuar na pessoa física em relação a captação de crédito?

Flávio: [00:13:39.14] O ponto principal, por exemplo, quando nós fizemos a nossa PJ, nós ficamos também com receio com essa questão de crédito, mas isso não atrapalhou em nada, porque a gente não está fazendo um holding... na verdade a PJ avaliza a pessoa [00:14:00.00] física. Então, essa questão de que a PJ avaliza a pessoa física. Então quer dizer que o banco não tem restrição, tem as garantias reais hipotecárias do financiamento. No caso de quando é pessoa física, porque que impede um pouco do crédito... porque o limite da PJ é um só, então ele é restrito [00:14:30.00] a um valor determinado e como a cultura exige um montante muito grande de financiamento as pessoas preferem a pessoa física, porque eles podem tirar o financiamento em cada CPF.

Luis: [00:14:45.71] Por exemplo, se eu tenho um grupo com 30 pessoas eu consigo tirar financiamento com 30 CPF's diferentes?

Flávio: [00:14:50.36] Sim, se o CPF tiver garantia, tiver cadastro bancário... porque mesmo dentro dos grupos tem [00:15:00.00] pessoas com o maior posse e menor posse né. Nem todos tem acesso ao crédito no montante que o grupo necessita, mas isso facilita na hora de tomar o crédito. Por isso o pessoal prefere mais a pessoa física em caso de crédito. Ele pode tomar, igual você falou aí, o crédito em vários CPF's. Ao passo que na PJ ele teria acesso a um limite só.

Luis: [00:15:25.34] Há um limite de crédito... diminui o fluxo dele né?! E Flávio [00:15:30.00] quais são as principais dificuldades pro produtor que atua em condomínios produtores rurais, por atuar na pessoa física no caso no condomínio registrado em cartório?

Flávio: [00:15:42.46] Hoje é assim hoje o condomínio, esse condomínio que eu ele é considerado personalidade jurídica, o que está tendo uma dificuldade maior é a questão do menor aprendiz porque eu tenho grupos aí que contrata 42 menores aprendizes.

[00:16:00.00] E o menor aprendiz hoje, ninguém quer deixar de fazer a parte social, mas a lei restringe muito a questão do menor no campo, né?! E os escritórios geralmente são na propriedade, ele é na Fazenda. Então não tem nem como deslocar esses menor pra lá porque ele não pode pegar poeira. Lugar talvez que digam que é insalubre pela [00:16:30.00] lei. Uma série de restrições que estamos aí, o condomínio tem essa personalidade jurídica. Então tá trazendo um grande gargalo, aqui para nós, questão do menor aprendiz. A multa é pesada, né? Se não contratar e não fizer essa contratação e basicamente o que eu vejo um problema maior é a questão disso aí, não vejo problema nenhum mais não. Porque a parte médica... ajuda né?! Um PCMSO. Só que neste caso ainda tem esse entrave ai do menor aprendiz hoje que tá impactando.

Luis: [00:17:15.59] Na verdade a prática é diferente da teoria né Flávio?! Você deslocar essa pessoa ou achar um ambiente que talvez seja o que a lei queira que seja, seja difícil de encontrar na Fazenda. Apesar de você ter que ter essa cota né?!

Flávio: [00:17:27.98] Tem a quota do deficiente também. Ao passo que alguns produtores, alguns produtores que são menores, eles dividem essa parte trabalhista, ele não esse problema que esse produtor mais organizado tem né?!.

Luis: [00:17:49.89] E Flávio, quanto a questão do crédito você mencionou que os produtores rurais, eles geralmente preferem pegar os recursos dos grupos no CPF's porque eles têm vários [00:18:00.00] CPF's. Só que esse dinheiro é destinado para o grupo né?

Flávio: [00:18:04.26] Sim, eu participei de um grupo, não é de alho, é de cenoura, que chamava NOME DO GRUPO. Quando você capta o dinheiro no banco, na instituição bancária você já tem um projeto. Aquele projeto vai destinar para aquela conta, a conta destinada que é do grupo conta bancária, "conta X" e os avais são geralmente sócios do grupo, fazem parte desse grupo... no caso. Então nesse caso o dinheiro, especificamente vai pro financeiro... que os grupos geralmente têm um financeiro organizado, um departamento financeiro controla o dinheiro... libera o financiamento já vai pra conta aquela conta especial do grupo. Geralmente as contas são duas assinaturas né? [00:19:00.00] Nunca a assinatura de uma pessoa só, então há uma série de controles ai que não deixa a pessoa ir lá no banco captar... assim a não ser que como pessoa física faz a captação do recurso pra ele próprio, ele mesmo arruma um aval e não tem ligação, quando é ligação do Grupo o dinheiro vai pra aquela conta amarrada do grupo.

Luis: [00:19:22.90] E Flávio, no caso, por exemplo, o grupo captou – uma situação hipotética.

O grupo captou o recurso, ele captou no nome dele. [00:19:30.00] Captou no meu nome Luis e mesmo que, por exemplo, o Flávio esteja de aval, a Lorrane esteja de aval. O grupo tem 30 sócios, no caso de inadimplemento.

Eles têm um risco por exemplo, da própria da pessoa que retirou o crédito ter que arcar sozinha inicialmente.

Flávio: [00:19:48.90] No nosso caso especificamente, quando nós captamos os recursos do [NOME DO GRUPO], não tem como o banco colocar 30 avais no contrato... ai o que que se fazia, um contrato entre os sócios... Não sei te falar juridicamente como chama o contrato...

Luis: [00:20:08.13] De solidarização dos riscos?

Flávio: [00:20:10.80] Isso, de solidariedade né? Não sei como chama especificamente, onde reza que aquela dívida, o valor "x" pertence ao grupo e todos assinavam nesse contrato, inclusive as esposas.

Luis: [00:20:26.70] Muito legal e Flávio um outra.... Outra dúvida também que eu tenho quanto a os [00:20:30.00] condôminos de pessoas físicas, eu até verifiquei lá algumas pessoas responderam no questionário e eu nem tinha perguntado quem são os bens que ficam em condomínio.

Porque, por exemplo quando eu financio um trator, ele pode ser financiado aí, por exemplo, cinco anos. Ele é financiado no nome do Flávio e ele fica no nome do Flávio também durante todo esse período.

Isso é um problema que pode acontecer? Esse Bem ficar em condomínio, mas só no nome do Flávio? Apesar de que como você disse, se colocam as outras pessoas do Grupo de Aval [00:21:00.00] elas tem um contrato de solidarização de riscos e de copropriedade.

Flávio: [00:21:06.60] Vou te falar no meu caso especificamente, nós temos tratores financiados no meu nome ou [pessoa], por exemplo, que é onde pertence a família né?! Nós fazemos um contrato entre nós. Falando que tanto o bem quanto o financiamento pertence aos sócios "A", "B", "C", "D", e "E". Então é um contrato a parte porque [00:21:30.00] o imposto de rendam, como o bem é financiado não tem como dividir lá a fração né?! O fulano tem 20%, 20, 20, 20, vamos supor que sejam cinco sócios, não tem como por ele ser financiado né?! Então eu acredito que o contador não tem como fazer essa fração de divisão de partes de um trator, por exemplo. Nem existe isso, com a parte de bens [00:22:00.00] por isso com a personalidade jurídica não tem esse problema né?! Na pessoa física essa parte de bens é mais complicada e inclusive hoje eu tô resolvendo esse meu sócio, que eu tenho uma empresa onde também tem bens financiados no meu nome e não pertence só a mim, mas também ao meu sócio, como também o financiamento dele próprio. Estamos fazendo contratos a partes onde todos assinam, as esposas assinam, dando ciência tanto do bem... e esse contrato geralmente a gente registra no cartório de títulos e documentos.

Luis: [00:22:44.11] Em decorrência dessa quantidade de sócios que você mencionou, que dentro da AMIPA a gente tem condomínios, por exemplo, que tem 40 pessoas, você acha que tem dificuldades, por exemplo, na tomada de decisões, qualquer tipo de decisões, desde qual a área que vai plantar quanto se vai investir... [00:23:00.00]

Flávio: [00:23:04.11] Assim Luis, na verdade não é só flores, tem os espinhos também. Quando são muitas pessoas tomando decisões acaba talvez travando o crescimento do próprio grupo porque são ideias diferentes pensamentos diferentes. Então isso acontece, a pessoa que está na frente do grupo num caso que eu conheço são todos amigos aqui né. Eles sofrem muito com isso porque [00:23:30.00] quando o negócio dá certo: Parabéns. Quando dá errado: a culpa é sua. errada. Então há um desgaste sim. Mas os grupos maiores, eles já amadureceram bem a ideia né. Esses dias, tem um grupo grande aqui em São Gotardo, fizeram a troca de gestor por Assembleia, então trocou o pai pelo filho, então assim, tem esses entraves né?!

Luis: [00:24:00.71] E [00:24:00.00] Flávio só um último ponto que eu queria te perguntar, se existe algum ponto nessa questão da relação do condomínio de pessoas físicas que traz alguma dificuldade na captação de crédito por parte do condomínio.

Flávio: [00:24:15.41] Eu não entendi Luis.

Luis: [00:24:17.06] Por exemplo a negativação do nome de algum dos 30 sócios, ela interfere na captação de crédito por parte do grupo em si?

Flávio: [00:24:27.43] Na questão bancária na questão bancária [00:24:30.00] como financiamento ele... por exemplo, vou lá no Sicoob, vou lá tirar um financiamento no meu nome pra sociedade não interfere.

Agora questão de certidões se a pessoa deixar de pagar um IPVA, já atrapalha na parte societária todinha do grupo inteiro, trava o grupo inteiro. Essa pessoa geralmente tem IPVA, uma multa né, a pessoa não viu trava tudo. [00:25:00.00] Agora questão de crédito, por exemplo, eu Flávio vou lá no banco pra tirar um financiamento pro grupo, o que vai é o meu CPF no projeto e aval do Luis da Lorrane e pronto, interferiu em nada.

Agora se vai ter uma certidão negativa [00:25:30.00] precisa para fazer do condomínio ou aí atrapalha. Na verdade assim, se tem um sócio que tá com o nome assim, não deixa de atrapalhar, em questão bancária não deixa de atrapalhar. No caso do Sicoob, como a gestão é local. No caso do Banco Brasil que é um compliance [00:26:00.00] aí pode ser que interfira sim.

Luis: [00:26:07.87] Flávio minhas perguntas encerraram aqui. Eu queria te agradecer muito por disponibilizar esse tempo. Essa parte da entrevista, poder conversar com você facilita muito a compreensão do questionário que eles passaram. Eu queria te agradecer bastante e também parabenizar pelo trabalho que você faz à frente da AMIPA em defesa do alho, a questão do antidumping. Realmente é muito [00:26:30.00] importante que o desenvolvimento do alho no Brasil. [00:26:31.00]